人生を豊かにする

あたらしい着物

泉二啓太

朝日新聞出版

かつては日常着としても、
日本人に親しまれてきた着物。

伝統ある民族衣装でありながら、
その「美しさ」や「輝き」を失うことなく、
現代でも多くの人に愛されています。

ただ美しいだけではなく、
そこにはさまざまな
文化や技術がつまっています。
それこそが、
着物の魅力といえるでしょう。

着物には、
私たちの生活を豊かにするヒントがあります。

着物を着ていると、
「丁寧に振る舞おう」 と、
考えるようになります。

着物が紡いできた歴史や伝統、着物を形づくる技術が、
そうさせるのかもしれません。

丁寧な心がけは、
充実した暮らしや心の豊かさにつながります。

なにより、
着物は相手を敬い、TPOを尊重します。

場を華やかにし、
人を敬う文化が根付いているのです。

着物を着ることは、
日常によい影響を与えてくれます。

美しく着飾る外面の豊かさ。

自分自身を大切に扱い、
相手を敬うことで生まれる
内面の豊かさ。

着物を通じた、
社会とのつながりの豊かさ。

こうしたものが、
一人ひとりの変化のきっかけになる。

「あたらしい自分」との
出会いのきっかけになる。

私は、着物をそう捉えているのです。

そればかりではなく、着物はファッションとしても楽しめます。
着物は現代の私たちの生活様式に合わせて、今の価値観に合わせて、
「あたらしくなる」
進化する衣装だと考えています。

ワードローブの
あたらしい選択肢の
ひとつとして、
「着物」を楽しんでみませんか?

はじめに

こんにちは。
銀座にある呉服店「銀座もとじ」の二代目店主、泉二啓太と申します。

こういうと、「小さいときから着物に親しんできたのだろう」と思われるかもしれませんが、実際はそうではありません。幼いころ、私は着物を古臭いと感じてしまい、積極的に興味を持つことはありませんでした。

高校を卒業すると、当時の環境から逃げるようにロンドンに留学し、ファッションを勉強し始めたのですが、海外から日本の文化や着物を見つめ直したことで、初めてそのよさに気付き、「着物ってかっこいい」と思うようになったのです。

帰国後は「銀座もとじ」に入社し、着物を一から学びました。

それまで着物に触れていませんでしたから、正直、あまり知識はありませんでした。今思うと顔から火が出そうですが、着物と浴衣の違いや、帯締めや帯揚げの役割などがわからず、ときには道行を「どうこう」と読んでしまったこともあります。

猛勉強の毎日でしたが、そんな折、着物の産地に出向き、着物ができるまでの工程や職人さんの技術を目のあたりにしたのです。

糸を紡ぎ、生地が織りなされ、染められ、着物ができあがる。

そうした職人さんたちの技術は素晴らしく、日本の伝統文化や技術の奥深さを、身をもって知ることができました。

私が尊敬する職人の方に、江戸小紋の第一人者の藍田正雄先生がいます。
苦節十年、伝統の技を後世に残すために尽力された先生から「金は錆びない」という言葉をいただきました。
これは「本物の仕事をしていれば、必ず誰かが認めてくれる」という意味で、私の仕事の指針にもなっています。

私も本物の仕事を通して、「着物は難しそう」と敬遠する人に、着物の素晴らしさや楽しさを、ぜひ知ってもらいたいと思っています。

着物には細やかなルールもありますが、知ってしまえば、実はそれほど難しいことではないとわかります。

フォーマルな場面ではルールを守ることが大切ですが、カジュアルな場面では、むしろ自由に楽しんでよいのです。

本書は人生を豊かにするヒントとして、着物初心者の方に少しでも着物を知ってもらい、身近に感じてもらえるような構成と内容にしました。すでに着物になじみのある人でも、着物の今とこれからを知ってもらえるような、あたらしい視点を取り入れています。

着物をワードローブの選択肢のひとつに。

これは私が掲げている言葉ですが、この言葉の通り、まるで日常着に袖を通すかのように、気軽に本書を楽しんでみてください。そして、こんなに素敵な世界があったのだとわかっていただけたなら、とても嬉しいです。
着物を楽しむあなたの人生が、豊かで美しいものになることを願っています。

泉二 啓太

目次

はじめに —— 10
ロードマップ —— 16
「着物を
もっと知りたい！」と
思ったら —— 18

2章
感性が豊かになる着物 —— 35

仕立て　着物はオートクチュール —— 36

着物ができるまで —— 38

糸の種類 —— 40

染織のいろは —— 42

染めの歴史は長く
さまざまな技法がある —— 44

織りの種類を知る —— 46

1章
着物を知る7つの質問 —— 19

その1　着物とはなんですか？ —— 20

その2　どんなときに着るとよいですか？ —— 22

その3　着物はどこで買えますか？ —— 24

その4　着物選びのポイントはありますか？ —— 26

その5　着物に決まりごとはありますか？ —— 28

その6　着物はなぜ世界で人気なのですか？ —— 30

その7　着物の魅力はなんですか？ —— 32

文化	着物から日本の伝統文化を学ぶ —— 48	精神	着物には日々を変える力がある —— 58

文化

着物から日本の
伝統文化を学ぶ —— 48

衣替えで着物を
快適に楽しむ —— 50

季節を楽しむ —— 52

文様を楽しむ —— 54

伝統色を楽しむ —— 56

精神

着物には日々を
変える力がある —— 58

交友の輪が広がる —— 60

周囲から
心地よい視線を浴びる —— 62

所作が美しくなる —— 64

相手を敬う心が生まれる —— 66

3章
日常を華やかにする着物 —— 69

着物・帯・小物

TPOに合わせて着る
着物 —— 70

礼装 —— 72

準礼装 —— 76

略礼装 —— 78

日常着 —— 82

帯を知る —— 86

帯の格 —— 88

襦袢 —— 92

半衿 —— 94

帯揚げ・帯締め・
帯留め —— 96

履物 —— 98

そのほかの小物
—— 100

着付けに必要な小物
—— 102

COLUMN

着物を好きになったきっかけ —— 34

「こうあるべき」に縛られない —— 68

奇跡に出会った瞬間 —— 166

普段の着物との付き合い方 —— 200

着付け	着物を着る際の心構え —— 104
	着物を着る —— 106
	足袋・肌着を身に付ける —— 108
	女性の浴衣の着付け —— 110
	男性の浴衣の着付け —— 116
	子どもの浴衣の着付け —— 120
	女性の長襦袢の着付け —— 122
	男性の長襦袢の着付け —— 124
	女性の着物の着付け —— 126
	男性の着物の着付け —— 138
	子どもの着物の着付け —— 144
	着付けのOK例・NG例 —— 146
	着崩れに対処する —— 148

所作	美しく見られるための所作 —— 150
	座る・立つ —— 152
	歩く・階段の上り下り —— 154

お手入れ	きちんとお手入れすると長持ちする —— 156
	自分でできるお手入れ —— 158
	着物の畳み方 —— 162

4章

着物をワードローブの選択肢のひとつにする —— 167

着こなし	シーンに合わせて着物を楽しむ —— 168
シチュエーション	日常着としてのカジュアルな着こなし —— 170
	気軽に街歩きをするときの着こなし —— 172
	デートに行くときの着こなし —— 174
	きちんとした場での着こなし —— 176
	芸術を楽しむときの着こなし —— 178
	式典に参加するときの着こなし —— 180
	結婚式に参加するときの着こなし —— 182
	SNSで目を引く着こなし —— 184

5章
あたらしい着物——201

シン着物　変化を続ける
着物との関係——202

カジュアルな素材や
リメイクを楽しむ——204

サステナブルな着物——206

経年美化する着物——208

次世代へ　着物の現在、
そして未来のために
——210

職人とお客さまを
つなぐ試み——212

着物業界を憧れの職業に
するために——214

用語集——218
銀座もとじのご紹介——222
主な参考文献——223

季節×イベント　春の着こなし——186

夏の着こなし——188

秋の着こなし——190

冬の着こなし——192

気分　気持ちを盛りあげたいときの
着こなし——194

クールに見られたいときの
着こなし——196

リラックスしたいときの
着こなし——198

人生を豊かにする あたらしい着物
ロードマップ

着物・帯・小物
- どんな着物を選べばいいの？
- 着物や帯にはどんな特徴がある？
- そろえるべきアイテムを知りたい

 着物・帯・小物 ▶P70〜103

技術
- 着物はどんなふうにつくられている？
- 着物にまつわる伝統的な技術を知りたい

 仕立て ▶P36〜47

文化
- 日本の伝統文化を知りたい
- 着物と文化の関わりに興味がある

 文化 ▶P48〜57

精神
- 着物を通してあたらしい自分と出会いたい

 精神 ▶P58〜67

お手入れ
- 着物を長持ちさせていつまでも着たい
- 着物を着た後はなにをすればいいの？

 お手入れ ▶P156〜165

あたらしい着物
- 着物の今に興味がある
- これから着物はどうなる？
- 銀座もとじの取り組みが知りたい

 シン着物 ▶P202〜209

 次世代へ ▶P210〜217

伝統技術や文化がつめ込まれた着物は、
さまざまな要素で構成されています。
気になるところから気軽に、着物に触れてみてください。

着こなし

- どんなふうに着こなせばいいの？
- 着物のコーディネートを知りたい

シチュエーション ▶P170〜185
季節×イベント ▶P186〜193
気分 ▶P194〜199

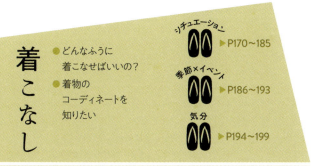

所作

- 着物を着ているときはどんなことに気を付ける？
- 美しく見られる動き方を身に付けたい

所作 ▶P150〜155

着付け

- 着付け前にどんな準備をすればいいの？
- 着付けができるようになりたい
- 着付けのポイントを学ぶ

着付け ▶P104〜149

> 「着物をゼロから知りたい」
> 「とりあえず着物を着てみたい、買ってみたい」
> という方は、
> 1章(P19〜33)を
> ご覧ください。
> また、
> 初心者の方向けに、
> **着物にまつわる用語集**(P218〜221)も
> ご用意しました。

「着物をもっと知りたい！」と思ったら

「着物をもっと知りたい！」と思っていただけるのは、呉服店の店主として嬉しく思います。着物の決まりごとはいくつかありますが、さまざまな媒体で気軽に学べます。以下に紹介したものを参考に、楽しく学んでみましょう。

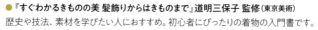

本で学ぶ

着物について書かれた本には、文様や着付けについて詳しく書かれたものなど、さまざまなものがあります。以下の本は、初心者にもおすすめです。

- 『すぐわかるきものの美 髪飾りからはきものまで』道明三保子 監修（東京美術）
歴史や技法、素材を学びたい人におすすめ。初心者にぴったりの着物の入門書です。
- 『すぐわかる産地別染め・織りの見わけ方』丸山伸彦、道明三保子 監修（東京美術）
染めと織りを学びたい人におすすめ。基礎知識から歴史的背景まで学べます。

文様や色の観点から着物を深く知っていくと、興味につながるポイントを見つけられておもしろいかもしれません。

動画で学ぶ

着付けの方法やコーディネートなどを、動画で配信する人も多いです。私たちもYouTubeチャンネル「銀座もとじ [公式チャンネル]」にて、作品や職人さんなどの紹介をしています。よろしければご覧ください。 https://www.youtube.com/@user-do1sv7og6p

動画は
こちらから

着て学ぶ

着物を着るための教室や、おすすめの購入場所を紹介します。

- 着付け教室
着付けの方法や決まりごとを学べる教室です。
- 呉服店
着物の購入場所です。目的や希望を、気軽に相談してみましょう。
- 古着屋
着物をリーズナブルに購入できます。サイズ選びには気を付けましょう。

着物はなにより、実際に着て慣れるのがよいでしょう。目的や希望に応じて、教室や購入場所を選んでみてください。

＊本書で掲載されている着物や帯、小物は、2024年7月時点での銀座もとじの商品です。現在では同じ商品が販売されていないこともありますので、ご了承ください。

1章

着物を知る
7つの質問

着物は日本が誇る伝統衣装でありながら、
日常的に着ることもできる、貴重な衣装です。
そもそも着物とはどんなものか、よくわからないという方もいるでしょう。
そこで、着物初心者が抱きがちな7つの質問をもとに、
着物について、私なりに紹介いたします。

着物を知る質問 その1

Q 着物とはなんですか？

今なお愛される日本の民族衣装

羽織
ジャケットのように着ます。男性の礼装では紋の入った羽織がマストアイテムです。

着物
平安時代にはすでにあった衣服である「小袖*1」を原型に発展した衣服。

帯
着物の上から巻きます。女性は長さと幅などによって種類が分かれます。

袴
着物の上から下半身に着用します。男性の礼装に欠かせないアイテムです。

*1 小袖…平安時代には存在していた小さな袖口の丈長の衣服で、庶民の表着であり、公家階級の下着であった。

A 何百年も形が変わらず受け継がれ、現代でもファッションアイテムとして親しまれる日本の民族衣装です。時代を経ても変わらない美しさを持ち、コミュニケーションツールになるなど衣服にとどまらない魅力があります。

着物は、平安時代には庶民の表着や、公家階級の下着であった小さな袖口の丈長の衣服であった小袖を原型に発展したものです。江戸時代には、現在とほぼ変わらない形態となり、帯の発達と合わせて、さまざまな着方が楽しまれました。歴史ある民族衣装でありながら、大きな変化なく受け継がれ、現代も輝きを失わない着物は世界に誇るべきものです。街なかなどで日常的に着ているだけで人目を引くので、着物をきっかけに会話が始まることもあり、コミュニケーションツールとしても優秀です。

特に海外で着ていると、日本の伝統文化や民族性などを掘り下げて聞かれることもあり、日本人としての自分と改めて向き合う機会にもなります。

また、生地に傷みなどなければ、三世代百年着ることができるのも大きな特徴です。サイズが合わない場合は仕立て直せばよいですし、洋服のような目まぐるしい流行はないので、祖父母の着物もコーディネート次第で現代風に着こなせます。百年着られる衣服という意味では、SDGs[*2]の先駆けといえるでしょう。

身に付けられる伝統工芸品

着物や帯の生地には日本の伝統技術が使われており、身に付けられる"伝統工芸品"という側面があります。伝統的技法を用いた生地に、季節や風習を意識した柄が表現された着物を着て歩けば、それだけで日本人の美意識や文化を伝えることができます。日本の伝統文化を守ることにもつながり、とても誇らしい気分になるでしょう。

若い人に浸透する着物

最近は若い世代で着物を着る人が増えています。古いものや手仕事の魅力が再発見され、憧れの対象となり、親しまれているのです。自由に着物を楽しめる「あたらしい着物」の時代がきていると感じます。

*2 SDGs…人類が地球で暮らし続けていくために2030年までに達成すべき、国連が定めた目標。

着物を知る質問 その2

Q どんなときに着るとよいですか？

着物ライフを楽しむ

カフェやバー、レストランで、有意義な時間を過ごすのもよいでしょう。

フォーマルな席はもちろん、気軽な散策にも大活躍。カジュアルな着物は自由度も高いので、さまざまな場でチャレンジしてみると着物ライフの幅が広がります。

A 着たいときに着て大丈夫です。初めて着るなら、周囲もドレスアップしているパーティーなどがおすすめです。慣れてきたら、カジュアルな場所でも楽しんでみましょう。

昔は誰もが日常着にしていた着物ですから、フォーマルな席はもちろん、友達とのショッピング、観劇、あるいは居酒屋など、いつでも、どんなところにでも着ていって大丈夫です。

ただ、着慣れないうちは、周囲の目が気になるかもしれません。私も初めて着物を着て街を歩いたとき、いろいろな人に声を掛けられたり、写真を撮られたりして、少し気恥ずかしい思いをしました。ですから、着物デビューはフォーマルな席がおすすめです。

結婚式であれば、周囲もドレスアップしているので、着物姿でもそこまで目立ちません。

また、そういった場所で「素敵な着物ですね」などと声を掛けられれば、自信につながります。

さらに、海外に行く際は着物を1枚持っていくとよいですね。海外では、ドレスコードのあるレストランも多いので、着る機会が多いです。

着物を華麗に着こなしていくと、それだけで周囲の目を引きます。

大人への一歩として楽しむ

着物には格の高いものから気軽なものまで、さまざまな種類があります。格の高い着物の生地は繊細なものが多く、金額も高価になります。そのため敷居が高いと感じるかもしれません。ただ、ワンランク上の着物をきちんと着こなせたとき、「ハードルを越えられた」「大人になれた」という満足感を味わえます。華やかな着物をまとったときの高揚感は、きっとあなたを成長させてくれるに違いありません。それこそが、着物を着る喜びのひとつといえるでしょう。

着物を知る質問 その3

Q 着物はどこで買えますか？

気軽な気持ちで呉服店へ

呉服店は初心者にはハードルが高いと思われがちですが、「ただ見るためだけ」に入店しても大丈夫です。スタッフに質問すれば、着物のことを丁寧に説明してくれるはずです。

A 呉服店や百貨店、古着屋などで購入できます。目的や予算を決めて、
店で相談してみましょう。また、家族の着物を受け継ぐ場合は、
それを仕立て直すのが入手の近道です。

両親や祖父母が着物を持っているなら、それを受け継ぐのが一番早く、簡単な入手方法です。ただ、そのままではサイズが合わないことが多いので、仕立て直してもらいましょう。

仕立て直しについては、呉服店に気軽に相談してみてください。

購入する場合は、最初から呉服店を訪れても問題ありませんが、古着屋やリサイクルショップではリーズナブルなものの取り扱いもあります。なお、古着屋やリサイクルショップで購入する際は、着物のサイズや状態をきちんと確認しましょう。

一から購入する場合は、自分のサイズで仕立ててくれる呉服店に頼むと、安心かもしれません。ただし、呉服店と一口にいっても、店によってそろえている着物は違いますから、ホームページなどで事前にチェックしておくことが大事です。目的がしっかりあったほうが、スタッフは的確に商品をすすめてくれます。

そして大事なのが予算です。呉服店にもカジュアル系やハイブランド系というような、さまざまな価格帯の店や商品があります。自身の目的や予算に合わせて、適切に店を選びましょう。

事前準備は必須

着物は比較的高額ですし、装う上での決まりごともあります。ですから、どんなときに着たいのか、どんな種類の着物が欲しいのか(留袖なのか訪問着なのか、など)、予算はどれくらいなのか、ということを事前に決めて、それに適した店を訪れるとよいでしょう。また、着物の下に着る長襦袢のほかに帯や帯締め、帯揚げといった小物が必要になります(小物の詳細については3章で紹介します)。最初にどこまでそろえるのかも考えておくと、店でのスタッフとのやり取りがスムーズになります。

▶襦袢…P92
▶半衿…P94
▶帯揚げ、帯締め、帯留め…P96
▶履物…P98
▶そのほかの小物…P100

呉服店訪問前に決めておきたいこと チェックリスト(例)

- ☐ どんな目的(お茶席、観劇、結婚式など)で着るのか
- ☐ どんな季節に着るのか
- ☐ 帯は購入するのか
- ☐ 小物(帯締め、帯揚げ、襦袢、肌着、足袋、草履など)は購入するのか
- ☐ 予算はいくらなのか

1章 ─ 着物を知る7つの質問

着物を知る質問 その4

Q 着物選びのポイントはありますか？

失敗しない着物選びの3か条

その1 好きな色・柄を選ぶ

1枚目は、基本的には好きな色や柄を重視して。試着をして、似合うかどうかを確認することも大事です。女性の色無地と男性のお召は、汎用性が高いのでおすすめします。

その2 手に取りやすいものを選ぶ

既製品を試してみるもよし。誂えたくなったら呉服店で相談してみましょう。

その3 2〜3枚目は冒険してみる

2〜3枚目は、1枚目とは種類や素材の違うものを。少し格の高いものにするのか、カジュアルなものにするのかは、自身の着物ライフに合わせて選ぶとよいでしょう。

A 最初は好きな色を基準に選ぶとよいでしょう。そのなかでも1枚目は着る機会の多い着物(女性は色無地、男性はお召)がおすすめです。2〜3枚目は目的に合わせて、あるいは季節感のあるものを買い足すとワードローブが充実します。

　最初は普段から洋服で楽しんでいるような、好きな色や柄を基準に選ぶとよいでしょう。ただし、着物は上から下まで1枚の生地でできているので、洋服のときとは印象が異なることもあります。必ずしも"好きな色＝似合う色"とは限らないので、いくつか試着してみましょう。いつもは選ばない色も鏡の前であててみると、意外に「似合う色」を発見することもあるので、自分と色の相性を見ることは大事です。

　2〜3枚目を買うときのポイントは、1枚目とは異なる素材や色、種類の着物を選ぶことです。

　たとえば、茶道の稽古で着たい人は、1枚目には必須の色無地を、そして2〜3枚目には初釜*3といった、きちんとした席で着る訪問着などをおすすめします。

　また、着物には袷と単衣と薄物があり、季節によって衣替えします。そのため1枚目には着る時期が長い袷を買い、2〜3枚目に単衣や薄物を買う人が多いです。

▶衣替えで着物を快適に楽しむ…P50

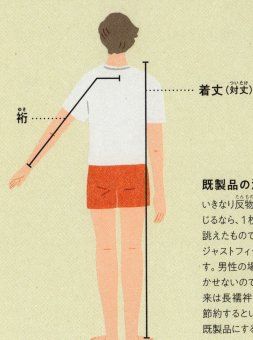

着丈(対丈)
裄

既製品の注意点

いきなり反物から誂えるのはハードルが高いと感じるなら、1枚目は既製品から入りましょう。ただ、誂えたものでないと裄*4が合わないことが多く、ジャストフィットとはいかないので注意が必要です。男性の場合は対丈*5で着るため長さをごまかせないので、誂えたほうが安心です。また、本来は長襦袢も仕立てますが、見えないところで節約するという意味で、着物は誂えて長襦袢を既製品にする、というやり方もあります。

1章　着物を知る7つの質問

*3 初釜…年明け最初に釜を開けて行う茶事のこと。　*4 裄…首の後ろの付け根の中心から手首までの長さ。
*5 対丈…着るときの丈と同じ長さで着物を仕立てること。

27

着物を知る質問 その5

Q 着物に決まりごとはありますか？

決まりごととの向き合い方

フォーマルな席ではホストに礼を尽くすことが第一です。TPOをわきまえた着物を着ていくようにしましょう。

着物は"季節をまとう"衣装です。日本人は季節の移ろいを、着物の模様や色で楽しんできました。

たとえば「思い入れのある着物を着たい」など、明確な理由がある場合は、多少、思いを尊重して楽しむのもよいでしょう。

28

A 着物は種類に応じて着ることのできる場所や季節が決まっています。招待された席では決まりに従い、基本的にはTPOをわきまえましょう。

着物には「この場所ではこの種類の着物を着る」という、いわゆるTPOを大切にした文化があります。特に気を付けたい場面は、結婚式やお披露目会など、招待されたフォーマルな席です。自由な装いを楽しんだ結果、ホストに恥をかかせてしまっては大変です。決まりごとを理解し、守るべきところでは守るのが大人のたしなみといえるでしょう。

ただ、現在は地球温暖化の影響で気温が上昇していることもあり、早い人だと4月ぐらいから単衣を着ることもあります。フォーマルな席などでは決まりを優先させたほうが無難ですが、自らの健やかな着心地をないがしろにしない選択もありだと思います。

もちろん、日常着として着る場合は、自由に着て問題ありません。

ときには思いを尊重する

過去に、鹿児島県出身の母親を持つ女性が、当時住んでいた横浜市の成人式に「自分のルーツを大事にしたいから」と大島紬*6でつくった振袖で出席されました。大島紬は、どちらかというとカジュアルなカテゴリーに入ります。しかし、このような明確な理由がある場合は、思いを尊重されてもよいと思います。

季節の先取りは帯や小物で楽しむ

着物の楽しみ方のひとつに「季節の先取り」があります。今よりも少し先の季節を念頭に入れて着るものを選ぶという習慣で、特に帯は季節を先取りするのが一般的です。単衣に合わせる帯は夏帯、9月からは袷用の帯、という具合です。

---

*6 大島紬…鹿児島県の奄美大島、鹿児島市周辺、宮崎県都城市で織られる伝統織物。

着物を知る質問 その6

Q 着物はなぜ世界で人気なのですか？

世界で人気なわけ

「KIMONO[*7]」は万国共通の言葉です。訪日する多くの外国人観光客が着物体験を楽しんでいます。

*7 KIMONO…1901年に刊行された"Oxford English Dictionary"ではすでに、見出し語になっている。

A 着物には日本の伝統文化の"美"が凝縮されています。色や柄も美しく、魅力的です。日本を知りたいと思う外国人にとっては、日本文化の入り口として着物があるのでしょう。

世界にはさまざまな民族衣装があります。しかし、現代でも日常的に、あるいはファッション感覚で民族衣装を着ている国は、おそらくわずかです。

着物はそのなかの貴重な一例といえ、それだけで多くの外国人が憧れるには十分な理由になるでしょう。

ヨーロッパで発達した洋服には、パンツやスカートといった多種多様な形がある一方、着物の形は決まっています。

その分、生地にさまざまな技法が凝らされてきました。

世界中、たくさんの国で特色ある布はつくられていますが、日本という小さい島国でいくつも染織技術が生まれているというのは、とても珍しいことです。

着物の色や文様の豊富さは、特筆すべき点です。色柄で季節を表したり、おめでたい気分を演出したりできるので、着物はさまざまな文化や気持ちをまとうことのできる衣装といえます。

日本の文化を楽しみたいと思う外国人が着物に興味を持つ理由は、こういった魅力的な部分にあるのでしょう。

1章 着物を知る7つの質問

着物と外国人

銀座もとじにも、外国人のお客さまは多く来店されます。お客さまに着物を紹介すると、多くの染織技術があることに、みなさんおどろかれます。今や着物は、海外の古着屋さんなどで売っていたり、博物館で展示されていたりして、外国人からしっかりと認知されています。私は、海外でも着物を着て歩きますが、多くの人が興味深げに話しかけてくれるので、着物は万国で通じるコミュニケーションツールだとつくづく感じます。

着物を知る質問 その7

Q 着物の魅力はなんですか?

人生を豊かにする3つの魅力

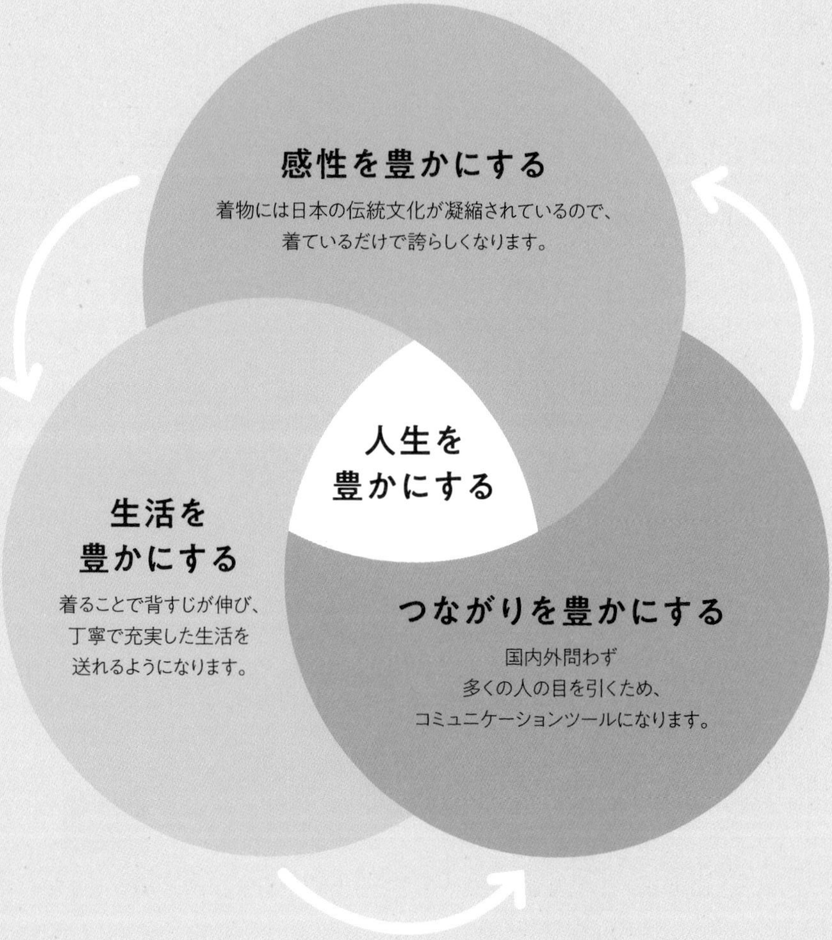

感性を豊かにする

着物には日本の伝統文化が凝縮されているので、
着ているだけで誇らしくなります。

**人生を
豊かにする**

生活を
豊かにする

着ることで背すじが伸び、
丁寧で充実した生活を
送れるようになります。

つながりを豊かにする

国内外問わず
多くの人の目を引くため、
コミュニケーションツールになります。

A 着物は形が変わらないため染織文化が発達し、希少な伝統工芸品に昇華しました。それを着ることは大変誇らしく、ときには自分の成長を促し、ときにはコミュニケーションツールになります。

着物は、長い歴史のなかで形が変わることなく育まれ、文化として受け継がれてきました。

そのため、染め・織りの技術が各地で磨かれ、今では約50件もの染物・織物が国の伝統的工芸品に指定されています。染物技術でいえば、京友禅*8、有松・鳴海絞*9などが代表例です。織物技術でいえば、大島紬、西陣織*10などがあります。こうした技法でつくられた、日本の伝統文化の結晶といえる着物を着ることは、背すじの伸びる、誇らしいひとときだといえるでしょう。こうした経験は感性を豊かにします。古くから受け継がれてきた技術や文化を知り、実際に着て触れることで、物事を感じ取る力が磨かれるのです。

豊かな感性は心に余裕を生み、そして余裕は、丁寧な生活をもたらします。すると、所作に気を配り、自分に対して、そして、周囲の人に対してもよい心がけができるようになるでしょう。その先で、さまざまなつながりが生まれます。自分を大切にし、充実した生活を送る人の周りには、自然と同じような人が集まってくるものです。

また、着物は国内外問わず多くの人の目を引くことから、着ているだけでコミュニケーションツールとしても活躍します。特に海外からの注目度が高いため、着物は、世界と日本の架け橋にもなるでしょう。

着物の魅力は一言では表せません。この本を通して、少しでも魅力を感じてもらえると嬉しいです。

1章 着物を知る7つの質問

本書では、さまざまな魅力のある着物を、基礎から知っていただけるように、

- 文化や伝統技術 ▶2章
- 知識や実践 ▶3章
- 楽しむための着こなし ▶4章

という流れで解説します。文化や技術を知った上で着物に触れると、着物がより興味深いものになるでしょう。5章では「あたらしい着物」として、着物の今までとこれからについてお話しします。

*8 京友禅…京都で生産される友禅染（糊の防染をともなう染色技法）のこと。
*9 有松・鳴海絞…愛知県名古屋市緑区の有松・鳴海地区でつくられる絞り染めで、木綿を藍で染めたものが代表格。
*10 西陣織…京都市西陣地区でつくられる絹織物の総称。

COLUMN

着物を好きになったきっかけ

　私は子どものころ、着物が好きではありませんでした。
　幼少期は、わけもわからず着物を着せられ、パーティーなどに出席していましたが、そこには同年代の子はおらず、高齢の方ばかり。「着物って古臭いな」と感じてしまっていました。また、いつも父が着物を着ていたことも恥ずかしく、授業参観に着物で現れたときには、「友達にからかわれるんじゃないか」とドキドキしたものです。当然、実家を継ぐ気はあまりなく、高校卒業後はファッションを学ぶため、ロンドンに留学しました。
　そんな折、留学先の学校で、美術館で民族衣装を描くという授業がありました。ふと見ると、クラスメイトの多くが日本の着物の前で熱心に絵筆を走らせています。しかも、センスのいい友人が着物に興味を持ってくれている。おどろくとともに、とても誇らしく感じて、「着物って、もしかしたら凄いのかも」と、見直すきっかけになりました。
　それからしばらくして、父がイタリアにくるというのでミラノで待ち合わせをしたのですが、現れた父はいつものように着物を身にまとい、ミラノの街を堂々と歩いていました。そんな父の姿からは、着物という民族衣装に対する誇りと自信が、ありありと伝わってきました。多文化が共生するヨーロッパでは、自国の文化を大切にする風土があります。それを体現している父が、素直に「かっこいい」と思え、「自分もいつか着物を着てみたい」と思えたのです。
　あれほど好きではなかったことが嘘のように、私のなかで着物の存在は大きくなり、今ではすっかり着物の虜です。

2章

感性が
豊かになる着物

着物にはさまざまな文化や技術がつまっており、
感性が豊かになるようなヒントがたくさんあります。
2章では、着物ができるまでの工程や技法、色柄など、
着物の基礎知識を紹介します。

仕立て
着物はオートクチュール

反物一反でひとり分の着物になる

着物に限らず長襦袢や羽織、コートも反物からつくられます。それぞれ必要な長さが異なっており、着物の一反を着尺、羽織の一反を羽尺、コートの一反をコート尺と呼びます。

着物は、反物と呼ばれる生地を裁断し、縫い合わせてつくります。
基本の形は決まっていますが、自分のサイズに合わせて調整もできます。
ジャストサイズの着物は着付けも楽で着心地も満点です。

着物は「反物」と呼ばれる、筒状に巻きあげた長い生地を裁断し、縫い合わせてつくられます。"反"というのは布の長さを表す単位で、一反で着物1枚分に必要な生地の長さになります。一反の標準は幅約38〜40cm、長さは約12〜13mです。12mは約3丈2尺であることから、三丈物とも呼ばれます。近年は日本人の体格も変わり三丈物では布が足りないこともあり、幅が広くて長さのある反物も多く使われています。

この反物を8枚のパーツに切り分けて、手順にしたがって仕立てれば着物が完成します。無駄なく反物を使うところが着物の素晴らしいところです。

好みの反物で自分サイズに仕立てるため着物は"オートクチュール"といえますが、なかにはS・M・Lなどのサイズで仕立てた既製品も売られています。既製品は主に、プレタ着物などと呼ばれます。

仕立てには種類があり、裏地の付いていない着物を「単衣仕立て」といい、裏地の付いた着物を「袷仕立て(下図参照)」といいます。単衣は通気性がよいので、初夏から初秋にかけて着用します。袷は胴裏や八掛と呼ばれる裏地が付き、防寒性が高いです。

▶衣替えで着物を快適に楽しむ…P50

2章｜感性が豊かになる着物

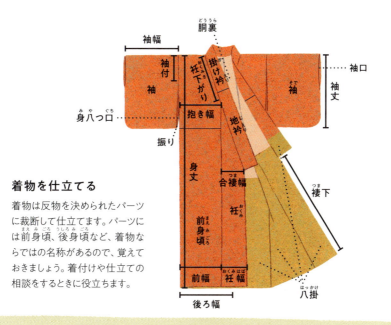

着物を仕立てる

着物は反物を決められたパーツに裁断して仕立てます。パーツには前身頃、後身頃など、着物ならではの名称があるので、覚えておきましょう。着付けや仕立ての相談をするときに役立ちます。

着物ができるまで

着物は生地を縫い合わせますが、その生地は糸を紡ぎ、染織を施してできた布からつくられます。「染め」「織り」が行われるタイミングによって着物の種類も変わります。

着物ができるまでの工程

1 糸づくり

着物に使われる糸には「絹」「木綿」「麻」「ウール」「化学繊維」などがあり、それぞれ素材をもとにつくられます。

2 染め／織り

先に生地に織り、そこに色や文様を付けるのが「染めの着物」です。白い糸を先に染色してから、反物に織ったものは「織りの着物」と呼ばれます。この工程の違いで、着物は2種類に分かれます。

3 反物(たんもの)

着物を仕立てる生地。一反は幅38〜40cmで、長さは12〜13mです。

4 仕立て

反物を裁断します。
着物は直線に裁断するため、
生地を無駄なく使うことができます。
縫うときは手縫いが基本です。

5 完成

裁断した生地を縫い合わせて
美しい着物が完成します
(仕立てた着物をほどいてつなぎ合わせると、
再び1枚の布になるので、反物に戻して洗ったり染め替えたりできます)。

2章 感性が豊かになる着物

糸の種類

着物に使われる糸や素材には、絹、綿、麻、ウールなどの**天然繊維**のほかに、最近は**取り扱いが簡単**で、**価格も手頃な化学繊維**も増えています。使われる糸によって着物の**格、風合い、着心地**などが異なってきます。

素材ごとの特徴

絹（生糸と紬糸）

軽くて独特の艶がある高級繊維の代表。カイコの繭からとった繊維を材料につくります。そのつくり方によって「生糸」「紬糸(つむぎいと)」の2種類に分かれます。吸湿性や放湿性に優れており、活用範囲が広く、私たちの生活となじみ深い糸です。

生糸

カイコが糸を吐き出してつくった繭から直接糸を引き出して(繰って)つくられる糸。透明感があり、染めの着物のほとんどは生糸でつくられます。

紬糸

繭を、煮て引き伸ばし真綿(まわた)にしてからつくられる糸。柔らかな風合いが特徴です。

真綿ってなに？

繭を煮て引き伸ばしてワタ状にしたもので、紬糸の材料となります。植物からつくられる綿とは、素材が異なります。

40

綿

ワタの種子に生える繊維を紡いでつくるのが木綿糸です。綿は吸水性に富み、水洗いにも強いのが特徴で、日常着感覚で着られます。綿花は世界中で栽培されており、日本で栽培が始まったのは室町時代ごろといわれています。

麻

主にカラムシという植物の茎の靭皮部分からつくられるのが麻糸です。麻布はさらりとした手触りで通気性がよく、主に夏着物の素材として使われます。水に強く、家庭での洗濯も可能ですが、シワになりやすいので注意しましょう。

ウール

戦後に洋服用の生地から着物を仕立てたことがきっかけで、日常着として人気となりました。暖かい素材なので寒さをしのぐのにぴったりで、着付けもしやすいのが特徴です。襦袢の生地にも使われています。

化学繊維

石油や木材などから人工的につくられるポリエステルやレーヨンなどを化学繊維といいます。水に強く、洗濯も楽で、シワになりにくいなどのメリットがあります。風合いは絹には劣りますが、近年は技術が進歩し、良質なものも増えています。

染織のいろは

着物の生地は染織（せんしょく）の工程の違いで「染め物」と「織り物」に区別され、
それにより格が決まることもあります。
着物選びの際には気にかけてみましょう。

着物の生地は染織によってつくられる

　着物の生地づくりの工程において、糸や生地をどの段階で染めるかによって、「染め物」と「織り物」に区別されます。

　最初に白い糸を白生地に織り、後から色や文様を染めるものを「後染め（染めの着物）」といいます。手触りが柔らかく光沢があるため、「やわらかもの」とも呼ばれます。一方、先に糸を染めてから反物（たんもの）に織りあげたものを「先染め（織りの着物）」といいます。しっかりとした手触りが特徴で、「かたもの」とも呼ばれます。

　男女とも「染め物」のほうが格上とされ、フォーマルな席では染めの着物が用いられます。カジュアルな席での着物は比較的自由度が高く、染め・織りの両方が用いられます。最近は、染め・織りともに種類豊富にそろうので、購入時は着物選びに悩むかもしれません。

　そんなときは、いつ、どのような場所で、誰と、なにをするか、をイメージしながら選ぶとよいでしょう。

　ちなみに、帯にも染め・織りがありますが、帯の場合は着物と逆で、織りのほうが格上とされます。

染めと織りの着物の特徴

染めの着物

やわらかものとも呼ばれます。体に沿うような生地感が特徴で、主に絹の縮緬、羽二重、綸子が挙げられます。また、夏の生地として絽や紗があります。留袖、色無地、訪問着、小紋などの着物は主に「染め」でつくられます。

織りの着物

かたものとも呼ばれます。生地にハリ感と弾力があり、動きやすいので日常使いに便利です。代表的な生地は紬。そのほか、お召、木綿、麻、ウールなどが挙げられます。

仕立て

染めの歴史は長く
さまざまな技法がある

糸や布を染める技術は、
中国では約3500年前にはあったことが、出土品から知られています。
一説によると、日本では縄文晩期には布への彩色が始まっていたようで、
過去から現在までさまざまな技術が開発されてきました。

先染め（織りの着物）

縞（しま）

異なる色に染めた、たて糸2色以上を用いて織る技法です。江戸時代に広く普及しました。よこ糸の色を替えて織る縞は「筋」といいます。

絣（かすり）

久留米絣（くるめがすり）

大島紬（おおしまつむぎ）

絣糸*1を使い布に織りあげながら柄を表していく技法を絣織といいます。独特の「かすれ」が特徴です。久留米絣や大島紬など、産地によって色や模様、質感がさまざまなのも魅力です。

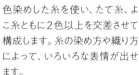

格子（こうし）

色染めした糸を使い、たて糸、よこ糸ともに2色以上を交差させて構成します。糸の染め方や織り方によって、いろいろな表情が出せます。

---

*1 絣糸…文様を表現するため、あらかじめ部分的に防染処理（布の一部を染料に染まらないようにすること）をして、染められた糸。

『魏志倭人伝*2』の記録によれば、弥生時代には染色が始まっています。奈良時代には大陸からさまざまな染織技術が伝わり、絞り染め、ろうけつ染めなど現在も行われている技術が広まりました。

染めの技術が大きく発展を遂げたのは江戸時代。各地で染織産業が発達し、天然染料や染色技術の種類も増えて人々の生活を彩りました。明治時代以降、天然染料に化学染料が加わると、あたらしい技法も開発されます。現代の着物には、新旧さまざまな技術が息付いています。

後染め(染めの着物)

無地染め

生地をぴんと張り、ハケで染める手法です。1色に染めるのでシンプルですが、生地の質感や地紋によって違いが出ます。帯や小物選びで何通りにも着回せるのが魅力です。

型染め

文様の形を彫り抜いた型紙を使います。彫り抜いた穴から染めたくない部分を糊*3で覆ってから染めたり、穴から染料を刷り込んで染めたりします。

手描き染め

職人が絵筆やハケを使い、多彩な色で絵を描くように布に染め付けます。「友禅染」に代表されます。模様の輪郭に沿って細く糊を絞り出して防染したのち、模様を色付けします。

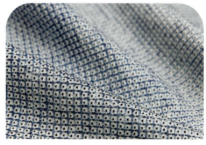

絞り染め

糸で布の一部をくくったり板で挟んだりして、染料がしみないようにしてから染めます。布全体を絞りで染める「総絞り」は華やかで高級品とされています。辻が花や鹿の子絞りなどが有名です。

2章｜感性が豊かになる着物

*2 魏志倭人伝…中国の歴史書『三国志』の一部で、弥生時代後期の邪馬台国のことなどが書かれている。
*3 糊…米粉やぬか、石炭などを温めてつくる。防染(染まるのを防ぐ)のためのもの。

45

織りの種類を知る

着物の個性や風合いを決める要素のひとつとして、
さまざまな織りの技法が開発されてきました。
基本組織と呼ばれる基本の織り方と、その応用技術を確認しておきましょう。

織り物の基本組織

平織（ひらおり）　　綾織（あやおり）　　朱子織（しゅすおり）

織り物には、たて糸（経糸）とよこ糸（緯糸）の交わり方（組織）や、糸の違いによって、さまざまな種類があります。

基本の組織（織り方）には平織、綾織、朱子織に加えて、もじり織があります。

平織は、たて糸とよこ糸が1本ずつ交互に交わる織り方です。たて糸、よこ糸ともにまっすぐで同じ太さの糸を平織にした「羽二重（はぶたえ）」、よこ糸に強い撚り*4をかけて凹凸（シボ）を生じさせる「縮緬」が着物や帯に多く使われます。綾織は、たて・よことも に3本以上一組として織り、斜めの筋が生じます。しっかりとしながらも、しなやかな地合いが特徴です。

朱子織は、たて糸とよこ糸の交差点が少なく、たて糸が長く表面に浮くことで光沢が豊かです。生地になると繻子（しゅす）と書きます。朱子織の組織の表面と裏面を組み合わせて文様を織り出したものが「綸子」で、着物生地や帯揚げに使われます。もじり織とは、たて糸がよこ糸と交差するときに、もじり（ねじり）を加えることで、透き目（すきめ）と呼ばれる隙間が生じる織り方です。

たて糸のもじり方の違いで「羅（ら）」「紗（しゃ）」「絽（ろ）」があり、真夏物の着物や帯、羽織に使われます。

46　＊4 撚り…繊維の束をねじること。

着物に使われる生地は、糸は染めずに織って後から染める後染めの生地、つまり白生地と、糸を先に染めてから織る先染めの生地に分かれます。織り方には、たて糸とよこ糸の交わり方の違いで、平織、綾織、朱子織、それに加えてもじり織があります。織り糸が生糸か紬糸か、または撚りをかけた糸を使うかなど、組み合わせによって、織りあがった生地にはさまざまな質感が生まれます。

織りの技法

平織 縮緬（ちりめん）

後染め用の生地です。たて糸に撚りのない生糸、よこ糸に強く撚りをかけた生糸を使います。織った後の加工で表面に細かな凹凸（シボ）が出るのが特徴で、柔らかく光沢があります。

綾織 黄八丈（きはちじょう）

糸を染めてから織る先染めの生地。伊豆諸島の八丈島に自生する苅安（かりやす）で染めた黄色が特徴で、名付けられました。綾織のものは「八端（はったん）」と呼ばれ、綾織の変化で地紋を織り表します。

朱子織の変化 綸子（りんず）

後染め用の生地です。たて糸、よこ糸どちらも撚りのない生糸を使用します。光沢のある朱子織の表面と、光沢の少ない裏面との織り出し方の組み合わせで、地紋が現れます。

もじり織 絽（ろ）

夏の後染め用の生地です。絽は、もじり織と平織を組み合わせたもので、横方向に透けた筋が出ます。平織部分に織り込まれるよこ糸の本数によって、三本絽、五本絽などがあります。

文化 着物から日本の伝統文化を学ぶ

着物に息づく4つの伝統文化

衣替え

暑い時期、寒い時期に合わせて衣服を替える衣替えは、日本では平安時代から始まったとされています。一般的には、10〜5月は袷(あわせ)、6月と9月は単衣(ひとえ)、7〜8月は薄物を着るのが主流です。地球温暖化の影響で、着用時期の考え方は少しずつ変化しています。

季節感

春には柔らかな若草色の着物に桜の柄の帯を合わせる、というように、日本人は季節ごとに着物の色や柄のルールを決めて、美意識を育んできました。それぞれの色柄にはきちんと意味があるので、それらに触れることで季節の移り変わりに敏感になれます。

文様

着物に表される文様は、身分制度があった時代には、使用にもさまざまな決まりがありましたが、今は季節を取り入れたり、TPOに合わせたりするときに意識します。文様それぞれの持つ意味を知ることが、日本の伝統文化を知ることにつながります。

色彩

日本には古くから親しまれてきた特有の色が存在しています。季節ごとに自然の変化を楽しむ日本人は、動植物や風景などを色になぞらえ、装いに取り入れて楽しんできたといわれます。着物には今も多くの色が使われており、色の美しさは見る人を魅了します。

日本では伝統芸能や工芸、食など、さまざまな文化が
受け継がれてきました。そのなかでも着物は、自然を愛し、
生活を楽しむ日本人の思いが詰まった貴重な財産です。

　四季を楽しむことは日本人が長年大切にしてきた伝統文化です。着物はその精神を見事に体現している伝統衣装といえます。たとえば、着物には袷、単衣、薄物があり、季節に合わせて衣替えを行います。柄も、桜や藤、桔梗、紅葉、椿など、季節を感じさせるものがたくさんあり、季節に思いを寄せつつ装いを楽しめるのが魅力です。文様には、自然現象や年中行事が描かれたもの、縁起のよい吉祥模様、モダンな幾何学文様などがあります。

　季節感を取り入れることで、日本に脈々と受け継がれてきた文化や美意識を学ぶこともできます。

　もちろん、最初から色や柄のすべての意味を覚える必要はありません。「この柄、素敵だな」と思ったら、いつ、どんなときに着ればよいのか、どんな意味があるのか、ひとつずつ確認していけばよいでしょう。その結果、「だからこの色は夏に向くんだ」「この文様はおめでたい席向きなんだ」と理解が深まり、着物を楽しむきっかけになります。

　着物を知ることは日本の伝統文化を知ること。楽しみながら日本の素晴らしさに触れてみましょう。

2章　感性が豊かになる着物

着物と言葉の文化
日常生活のなかで使われている言葉や表現には、着物に由来しているものも少なくありません。着物は日本人の生活と根深くつながっているのです。

49

文化

衣替えで着物を快適に楽しむ

衣替えは、もともとは中国で行われていた宮廷文化でした。それを、日本では平安時代に宮中行事として取り入れたことから始まった習慣です。当初は貴族だけが行っていましたが、江戸時代になると幕府が年4回、季節ごとの衣で出仕するように決め、庶民にも広まりました。明治時代には年2回となり、慣例化しました。

伝統衣装の着物は、暦に応じて、袷、単衣、薄物と着るものを衣替えします。

かつては、10～5月が袷、6月と9月が単衣、7、8月が薄物の季節でしたが、近年は温暖化の影響もあり、気温に合わせて、5月や10月にも単衣を着るようになっています。礼装は従来の考えに沿って着物を選ぶほうが無難ですが、それ以外は気温や出掛ける場所に合わせて、袷や単衣を選んでも問題はありません。

衣替えの目安

10 月　**11** 月　**12** 月　**1** 月　**2** 月　**3** 月

胴裏（どううら）　○

八掛（はっかけ）　○

10 ～ **5** 月…袷（あわせ）

秋冬の季節に着る、胴裏と八掛という裏地が付いた着物です。八掛は「裾回し（すそまわし）」とも呼ばれ、裾部分の汚れ防止のほか、足さばきをよくする役割も持ちます。八掛は目に触れることが多いため、着物の色との組み合わせを考えて選ぶとおしゃれです。

着物は一般的に、季節に応じて袷、単衣、薄物と着るものを変えます。
夏は涼しく、冬は暖かく装うための、理に適ったルールです。
基本は身に付けつつ、柔軟に楽しむのがおすすめです。

7〜8月…薄物

絽や紗など透け感のある着物です。空気を通し、さらりとした肌触りで、意外に暑さを感じさせません。透けることで下の長襦袢の色をあえて見せて、涼感を演出します。自宅で気軽に洗濯できるため、汗をかく時期にはおすすめです。

| 4月 | 5月 | 6月 | 7月 | 8月 | 9月 |

6・9月*…単衣

裏地が付かない1枚仕立ての着物。腰から下の部分に「居敷当て」という白い布が付くことが一般的です。春と秋では素材や色調を変えてみるとよいでしょう。

＊現在は、気温に応じて5月や10月に着ることもある。

春単衣

気温が上昇しがちな春はさらりとした素材を選びます。表面に凹凸（シボ）のあるお召や、ハリ感のある紬、透け感の少ない絽縮緬などでもよいでしょう。色は涼しげな寒色系がおすすめです。

秋単衣

残暑がありつつも徐々に風が心地よくなる秋は、正絹の縮緬や、ほっこりとした紬などで装うと気持ちいいでしょう。色は秋を先取りして、シックな茶系や濃い紫などを選ぶと素敵です。

文化

季節を楽しむ

　着物を着るときは、季節を楽しむ、季節を装うということが大事です。

　そのひとつに、季節に合わせて素材や仕立ての異なる着物を着る「衣替え」がありますが、実は着物の場合、それだけにはとどまりません。

　季節に最適な色や柄を選んだり、帯や小物でアクセントを添えたりと、装い全体で季節を表現することもできます。そうした組み合わせを考えることは着物の楽しみのひとつです。

▶衣替えで着物を快適に楽しむ…P50

春　　　　　　　　　　夏

桜舞う波立涌(なみたてわく)に鳥、明るく淡い色合いが春らしさを演出します。春の訪れを喜ぶかのような色柄が、おしゃれを楽しませてくれます。特に春は、寒い時期から季節の模様や色を親しみます。梅や水仙に始まり、たんぽぽ、菜の花、菫(すみれ)といったように、春の移ろいに心を弾ませるのです。なお桜は、花待ち、名残、花筏(はないかだ)等、できるだけ長く楽しみます。

夏のモチーフとして雪を用いています。雪輪模様と美しい雪華(ゆ)(雪の結晶)によって、暑い夏には欠かせない涼感を表現しているのです。四季に美意識を見出す、日本人ならではの感性が込められている帯といえるでしょう。透け感のある絽の素材からも、夏らしさが感じられます。晩夏は秋草など、涼しい季節を先取りした模様も好まれます。

52

季節を象徴する柄やアイテムで装えることが、着物の魅力のひとつです。
ちなみに着物の場合は、季節を先取りするのが粋。
日本の美しい四季に合わせて、装いを楽しんでみましょう。

色とりどりの花が染め抜かれた小紋に桜色の帯を締めるだけで、春らしさを演出してくれます。紗の着物に朝顔が鮮やかに染め抜かれた帯を締めれば、夏のお出掛けにぴったりです。少し落ち着いた茶系の袷を着たときは、秋の七草がポイントの帯留めを。ネイビーのシックな袷に山茶花の文様を描いた帯を締めたなら、冬ならではの装いになります。

洋服だと、ここまで季節と向き合うことはないと思いますが、着物は季節を大胆に表現することが楽しいのです。

秋　　　　　　　　冬

落ち着きのある暖色系のアイテムを取り入れると、上手に秋らしさを表現できるでしょう。そのうえ、秋のモチーフである色付いた葉の柄で彩られた帯は、風情ある秋の雰囲気をいっそう際立たせてくれます。気候が穏やかで過ごしやすい秋は着物を楽しむのにぴったりです。秋の装いで、着物ライフを楽しみましょう。

雪華(雪の結晶)とトナカイ、もみの木のかわいらしい模様と、緑と赤の色合いがクリスマスを大胆に表現しています。帯の柄で季節を表現することは珍しくありません。そのなかでもクリスマス柄は、冬の華やいだ雰囲気を感じさせるのにぴったりです。また、コートやショールによるおしゃれができるのも、寒い冬ならではの楽しみです。

2章　感性が豊かになる着物

53

文化

文様を楽しむ

麻の葉

麻の葉に似た六角形が規則的に連続する文様。麻は丈夫でまっすぐに育つことから、成長を祈って産着や子ども着などに多く用いられます。

亀甲
きっこう

正六角形の幾何学文様で、亀の甲羅にも似ています。このことから、長寿吉兆を祝うめでたい柄として、平安時代より愛されてきました。

熨斗
のし

熨斗とは「熨斗鮑」のことで、鮑を薄くそいで伸ばしたものを乾燥させた神饌を指します。その熨斗を束ねたおめでたい文様で、お祝いの着物に使われます。

市松
いちまつ

色違いの正方形を縦横に並べた文様。石畳文ともいわれます。江戸時代(中期)の歌舞伎役者、佐野川市松が愛用したことから、この名前が付きました。

54

着物の文様には、季節を楽しむものや縁起のよいもの、規則的に並ぶモダンな図形のものなど、さまざまな種類があります。
文様によって着物や帯の格がわかるほか、着るべき時季などもわかります。

鏡裏（きょうり）

裏鏡、古鏡とも呼ばれます。八稜鏡など古代の鏡の形と鏡裏に配された花鳥文様を含めたものです。古代王朝の格調高いものとして知られます。

松竹梅（しょうちくばい）

誰もが知るおめでたい植物「松・竹・梅」を組み合わせた、大変縁起のよい文様です。祝着の文様として、ハレの日の着物などに使われています。

七宝（しっぽう）

同じ大きさの円を円周の4分の1ずつ重ねてつなぐ文様で、縁起がよいといわれています。仏教の七宝にちなんで名付けられました。

紗綾形（さやがた）

梵字[*5]の卍を斜めに崩し、組み合わせて連続文様にしたもの。中国の明から輸入された絹織物が発祥といわれます。

2章　感性が豊かになる着物

*5 梵字…サンスクリット語の文字のこと。

文化

伝統色を楽しむ

着物では伝統色を大切にし、職人が繊細な色で染めあげてきました。
自然に由来する名前が付いているものが多いので、
名前から色合いを想像してみるのもよいでしょう。

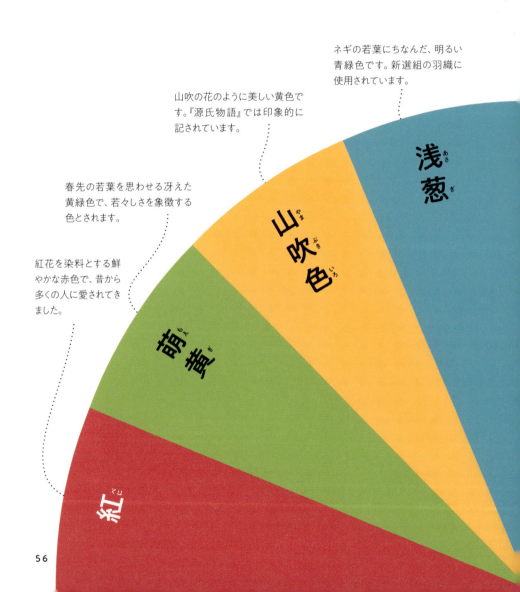

ネギの若葉にちなんだ、明るい青緑色です。新選組の羽織に使用されています。

山吹の花のように美しい黄色です。『源氏物語』では印象的に記されています。

春先の若葉を思わせる冴えた黄緑色で、若々しさを象徴する色とされます。

紅花を染料とする鮮やかな赤色で、昔から多くの人に愛されてきました。

浅葱（あさぎ）

山吹色（やまぶきいろ）

萌黄（もえぎ）

紅（べに）

伝統色とは、日本に古より伝わる色のことです。日本には四季があり、花や樹木、空、山など自然界には、その時々の美しい色が溢れています。こうした環境で色彩感覚が磨かれた日本人は、染め物にも自然界の微妙な色を取り入れて楽しんできました。伝統色は多くの人から好まれており、たとえば藍色は海外から「ジャパンブルー」と呼ばれ、日本を象徴する色として親しまれています。

2章｜感性が豊かになる着物

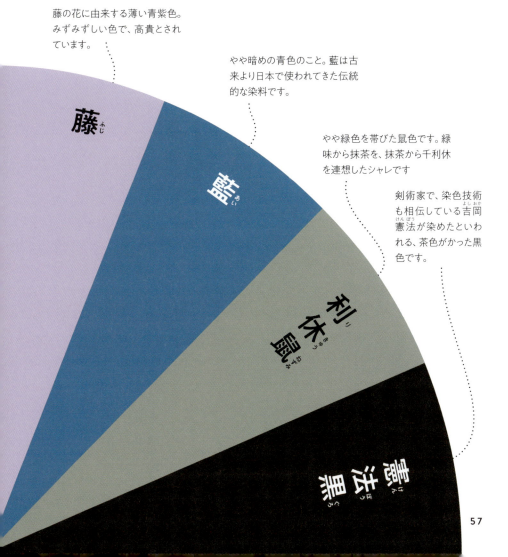

藤の花に由来する薄い青紫色。みずみずしい色で、高貴とされています。

藤（ふじ）

やや暗めの青色のこと。藍は古来より日本で使われてきた伝統的な染料です。

藍（あい）

やや緑色を帯びた鼠色です。緑味から抹茶を、抹茶から千利休を連想したシャレです

利休鼠（りきゅうねずみ）

剣術家で、染色技術も相伝している吉岡憲法が染めたといわれる、茶色がかった黒色です。

憲法黒（けんぽうぐろ）

精 着物には日々を変える力がある

磨かれる心

積極思考アップ
周囲からの「心地よい視線」で
ポジティブになれるでしょう

着物による変化

社交性アップ
出掛けた先で喜ばれて
会話が弾み、
社交的になれるでしょう

自己肯定感アップ
所作が美しくなり積極性が増し、
自己肯定感が上がるでしょう

**着物を着るためには準備や心構えが必要ですが、
だからこそ、着こなせたときの喜びはひとしおです。
達成感を得られますし、前向きになることができます。**

着物は非日常の世界を体感させてくれ、心によい変化を与えてくれます。

着物に凝らされた伝統技法は精巧で美しく、身にまとうことが誇らしくなるでしょう。街を着物で歩くだけで道行く人は振り返り、特別な存在になったかのような気分を味わえます。

日常ではなかなかできない体験により、自己肯定感が高まります。

また、着物はTPOをわきまえ、季節ごとに衣替えをし、格に合ったものを選び、柄や文様に気を遣うなど、気を付けることがいくつかあります。

そういったことに気を配るとき、人は自然と背すじが伸びて、所作は美しくなり、洋服のときとは異なる振る舞いができるようになるのです。

このように着物と向き合うなかで、自信や達成感を得られ、前向きな気持ちがつくられます。

さらに、パーティーなどに着物を着ていけば、華やかさを演出できるのでホストに喜ばれ、周囲に人も集まり、年齢や性別を超えて交友の輪が広がります。それにより、自然と社交的な振る舞いもできるようになるでしょう。

2章 — 感性が豊かになる着物

着物から得られる心理的な好影響は、この後のページで具体的に紹介します。
- 交友の輪が広がる ▶P60
- 周囲から心地よい視線を浴びる ▶P62
- 所作が美しくなる ▶P64
- 相手を敬う心が生まれる ▶P66

交友の輪が広がる

着物を着ていると、自然と着物好きが周りに集まります。
着物好きは生活の方向性や考え方などにも共通点が多く、
初対面でも、年齢や性別が違っても、親しくなりやすく交友の輪が広がります。

着物で生まれる人とのつながり

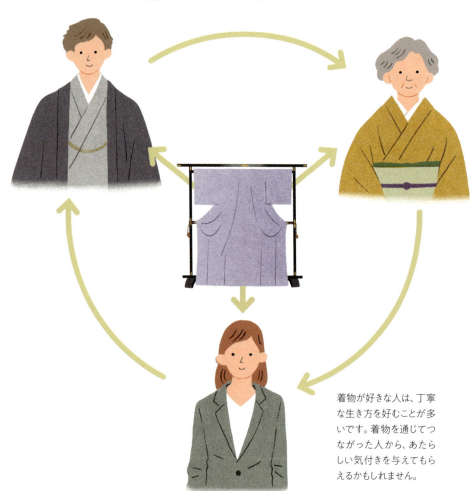

着物が好きな人は、丁寧な生き方を好むことが多いです。着物を通じてつながった人から、あたらしい気付きを与えてもらえるかもしれません。

私は呉服店の二代目店主として着物姿で出掛けることが多く、街なかやパーティー会場で、いろいろな方にお会いします。そこで着物を会話の糸口にすると、初対面でも比較的心を開き、こちらに興味を持って話をしてくれます。着物のよさを説明すると、「着物を着たことがないので、今度着てみたいです」といっていただけることもあります。

初対面同士のお客さまが店で親しくなり、買い物後には一緒にランチをされた、ということもありました。

着物は着付けが必要ですし、洋服と比べて素早い動きが難しくなります。そのため、時間に余裕を持つ習慣が身に付きます。そういった着物の特性により、初対面でも着物好きならではの会話が生まれ、意気投合しやすいのでしょう。

呉服店やお茶席など、着物に縁のある場所での出会いは、その後もよい関係を築いてくれるようです。街を歩くと、着物を褒められて会話が始まったり、外国人観光客が「一緒に写真を撮ってくれますか」といってくれたりします。

コミュニケーションツールとしての着物の力は絶大です。

泉二啓太のエピソード

世代を超えて交流は広がる

先日、銀座もとじ主催のイベントに20代の男性が参加してくれました。その方は、同じ催しに参加されていた70代の紳士とすっかり打ち解けて、着物の話はもちろん、いろいろな人生談議に花を咲かせていました。着物を通して、世代を超えた交流が生まれたのはとても微笑ましく、嬉しくなりました。

精神

周囲から心地よい視線を浴びる

歩いているだけで視線を浴びることなど、日常生活ではあまりありません。着物を着ていれば、誰もが注目を集められます。

心地よい視線を楽しむ

着物って素敵だな

自分も着物を着てみたい

お気に入りの着物をきちんと着こなせたとき、気分は高揚するもの。周囲の視線は注目の証です。自信を持って振る舞いましょう。

62

着物を着て出掛けると、周囲からさまざまな視線を感じ、多くの人に見られていることに気付くでしょう。

　私も最初は着物をうまく着こなせず、視線を恥ずかしく思っていました。しかし、毎日着ているうちに「着物に着られていた」自分が「着物を着ている」自分に変わり、自信が芽生え、周囲の視線も「心地よい」と思えるようになりました。

　男女を問わず、着物で街を歩くと注目の的になります。歩いているだけで注目を集めることなど、有名人でもない限り、普段の生活ではあまりありません。視線の多くは、憧憬(しょうけい)のまなざしです。

　手仕事の素晴らしさがつまった伝統工芸品である着物が、たくさんの人々の感性を魅了しているのです。

　着物を着ていると、周囲から多くの視線を浴びるとともに、まるで日本人としてのスイッチが入ったかのように、凛とした気持ちにさせてくれます。すると、おのずと姿勢もシャンとし、自信に溢れたポジティブな自分になれるでしょう。

　そうした気持ちの変化は、人に活力をもたらします。その結果、それまで行ったことのなかった場所へと足を運んでみたり、あたらしい趣味に挑戦してみたりといった経験につながるかもしれません。着物は「あたらしい自分」と出会うきっかけにもなるのです。

2章｜感性が豊かになる着物

泉二啓太(もとじけいた)のエピソード

視線が育ててくれた私の着こなし

　私が着物を着始めたころ、よくお客さまから「似合っていない」といわれていました。あるとき、雑誌に掲載された父と一緒に撮った写真を見て「ああ、たしかに似合っていない。着物に着られているな」と感じました。男性の場合、着慣れている人は帯が高過ぎない位置で安定し、全体がしっくり落ち着きますが、私はそこがだめだったのです。でも、毎日着ているうちに、お客さまから「最近、似合ってきたね」といってもらえるようになりました。まさに着物は「習うより慣れろ」だと、つくづく感じました。

所作が美しくなる

着物を着ている人は、どこか気品が漂います。
それは、着物ならではの美しい所作、
立ち居振る舞いが身に付いているからでしょう。
所作の美しさは生き方の丁寧さに通じます。

気品につながる所作

- 後ろ姿
- 立ち姿
- 歩く仕草
- 振る舞い
- ものを取る仕草

着物は縦のラインが美しい衣装なので、立っているときも、座っているときも、背すじは伸ばしているのが基本です。

また、大股歩きなどの大きな動きをすると着崩れの原因になるため、ゆっくりとした優雅な動作が求められるなど、おのずと所作や立ち居振る舞いに気を配るようになるでしょう。

最初のうちは、慣れないかもしれませんが、自然に着物の所作や立ち居振る舞いができるようになると、品に包まれて雰囲気が美しくなります。

人にも褒められるようになり、自己肯定感のアップにもつながると思います。すると、ますます所作を意識するようになり、丁寧さはより磨かれていくのです。

そして丁寧さは、規範意識につながります。なにしろ着物姿は注目の的ですから、自然と自分を律する力が芽生えます。このように、着物を着て所作に気を配ることで、いろいろな要素の成長へと派生していくのです。

着物は少し行動が制限されますが、所作を意識してみると、制限されたなかに着物ならではの美意識が感じられ、自由に動ける洋服とのギャップが、むしろ心地よいと思えるでしょう。所作に気を配りながら着物時間を過ごすことは、自分自身の成長や、心のリセットにつながる、かけがえのない時間となります。

着物の所作を知る第一歩は浴衣生活

泉二啓太のエピソード

着物になじみのない人が早く所作を身に付けたい場合、最初は浴衣を着て生活することをおすすめします。浴衣は着物と比べると気軽に着られますが、求められる動作は同じです。裾を踏まないように歩幅を狭くしたり、ものを取るときに袖口や袂を押さえたりと、洋服とは違う所作が具体的にわかります。最初は戸惑い、いろいろと失敗するかもしれませんが、その経験が大事なのです。

相手を敬う心が生まれる

着物にはTPOがあります。それは昔からのルールではありますが、本質は相手を思いやる心遣いにあります。着物を着ることで自分が華やかになるだけでなく、相手を敬う心が生まれるのです。

着物で芽生える敬いの心

- ホストに恥をかかせないために、場にふさわしい着物で装おう
- 友人の結婚式だから、きちっとした印象を与えられる着物を選ぼう
- 海外で着物は喜ばれるから、渡航に向けて用意しておこう
- あの人はおしゃれな人だから、帯はデザインが素敵なものにしよう

着物をまとって着飾ることは、とても楽しい経験です。着付けに際して数日前から準備をして、髪型を整え、特別なメイクを施し、そうして着飾ると、周囲の人からは好意的な目で見られたり、声を掛けられたりすることもあるでしょう。すると、着飾った本人はきっと嬉しいに違いありませんが、着物の素敵な部分は、自分が着飾った結果がほかの人のためにもなる、という側面を持つところです。

たとえば、結婚式の会場に着物を着た人がいると、その場が華やかになり、お祝いのムードが高まります。

参列しているのが友人の式であるなら、新郎新婦にとっては、きちっとした印象を相手の親族にアピールすることにもつながり、よい印象を与えられます。

このように、実は、自分が着飾っているのと同時に、ほかの人のためにもなっているというところが、着物の醍醐味でもあるのです。

着物にはTPOがありますが、そこにはまさに、心遣いの精神が根付いています。それはルールであると同時に、相手に恥をかかせない、あるいは相手を喜ばせようという、心遣いの表れともいえるのです。招いてくれた人や一緒に出掛ける相手、訪れる場やシチュエーションのことを想像して着物や帯、小物を選ぶなかで、相手を敬う心が生まれます。

2章｜感性が豊かになる着物

泉二啓太のエピソード

自分を変えたいときは着物を着てみよう

違う自分になりたい、自分を変えてみたいと思ったときは、着物を着てみるとよいでしょう。着物は変化のきっかけになります。私自身、着物を着ていると「礼儀正しく振る舞おう」「言葉遣いを丁寧にしよう」と心がけるようになります。自然と変わるところもあれば、意識により変わるところもある。そうして、理想とする自分を形づくることに着物は役立つに違いありません。

COLUMN

「こうあるべき」に縛られない

　私は、着物の世界で生きていて、日々、「こうあるべき」という決まりごとや、しきたり、ルールを伝えていこうと努めています。
　一方で、「あたらしい考えや現代の価値観もまた伝統になっていくのではないか」という思いも持っています。
　この思いは、染織の産地を訪れるたびに強くなります。伝統を大切にする姿は素晴らしいのですが、「こうしないといけない」という思いが強いと、時代の流れについていけないのではないか。染めの技術にしても、織りの技術にしても、たとえ今の時代に合ったやり方を取り入れたとしても、本来のよさは失わずに、未来へと伝えることはできるはずだ。そうやって伝統をアップデートしていくことも大事ではないかと思います。
　私はよく、海外に行きます。それは、若いときに留学して気付いた日本文化のよさ、着物に抱いた熱い気持ちを思い出し、自分がなにをしたかったのか、立ち返ることを忘れないようにするためです。伝統は極めて大事ですが、それを守るだけでは、本当の文化の継承はできないかもしれません。
　常にあたらしいものを取り込む気概を持っていたいと考えています。

泥中の布 奄美大島での展示（P215参照）

3章

日常を華やかにする着物

着物には素材や仕立て、色、模様配置、家紋の入れ方などによって、
さまざまな種類があります。
どのシーンでなにを着ればよいのか、TPOを知りましょう。
3章では着付けやお手入れといった、
日常で着物を楽しむために必要な基礎知識を紹介します。

着物・帯・小物
TPOに合わせて着る着物

TPOで着物を選ぶ

T　　P　　O
TIME　　PLACE　　OCCASION

季節を意識する

着物は季節に応じて、裏地のある袷、裏地のない単衣、透け感のある薄物というように、着るものが変わります。礼装は、このルールを意識して着用することが基本です。ただし、礼装以外はそこまで気にせず、気温に応じて着心地重視で選んで問題ありません。

場所を意識する

着ていく場所によって、ふさわしい着物の種類が変わります。たとえば、式典などの晴れがましい公の場所では、格の高い着物を選びましょう。一方で、友人同士の集まりなど、フランクな場所では日常着などの気楽な着物や、好みの着物を選びます。

状況を意識する

どんな状況で着るのかを考えて着物を選ぶことは、とても大事です。"他者のために装う"場面では、格の合った着物を着用しましょう。一方、"自分のために装う"場面では、出掛ける場所や気分に合わせて着物を選び、存分におしゃれを楽しんでください。

着物は主に「礼装」「準礼装」「略礼装」「日常着」に分類されます。式典、格式高いホテルでの結婚式、目上の人に高級レストランに招待された場合などには、礼装や準礼装にするとよいでしょう。なお、結婚式の場合、新郎新婦の親や親族は礼装が基本となります。レストランウェディングやレセプションパーティーなど、格式張らない場所では略礼装で、観劇や友人同士で行く気軽な食事処、自分が楽しむ場面では、日常着で装うと、それぞれの場の雰囲気に合います。また、格の高い着物を着ていれば安心というわけではなく、礼装をフランクな場で着るとかえって周囲から浮いてしまいますので、場所に応じて着物を選ぶことが重要です。

TPOに応じて装うためには「格の序列」を知ること。着物は格に合わせて礼装、準礼装、略礼装、日常着などと分類されます。どんな場所に、なにを着ていけばよいのかがわかると、自分の着物姿に自信を持てるでしょう。

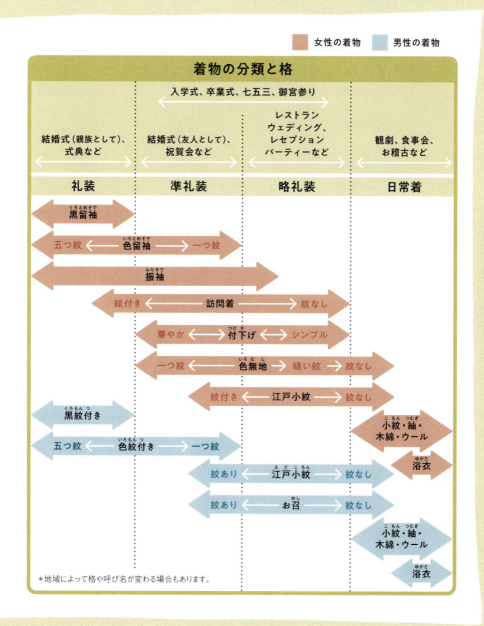

着物・帯・小物

礼装

格式の高い式典などで着用するのが礼装です。男性は五つ紋の黒紋付き、色紋付き、女性は五つ紋の黒留袖、色留袖、振袖などの「染めの着物」が、このカテゴリーに入ります。

改まった席での着物

着物の格を考えるとき、基本的には"礼装"と"礼装以外"と覚えておくとよいでしょう。礼装とは「礼を尽くす心を表すために着用する」衣装です。格式のあるハレのシーンで着用することで、厳粛で改まった気持ちになれます。具体的には、結婚式や叙勲式など、公的で非日常な場がこれにあたります。

男性の場合、最上格の着物は第一礼装と呼ばれる黒紋付き羽織袴か色紋付き羽織袴。女性の場合は、未婚であれば振袖または色留袖、既婚であれば黒留袖または色留袖となります。

フォーマルな着物と羽織には基本的に紋を入れます。着物の紋には、一つ紋、三つ紋、五つ紋の3種類があり、同じ紋の場合は、数が多いほど格が高くなります。基本的に黒紋付きと黒留袖は、五つ紋を付けます。色紋付きと色留袖は紋の数によって、格を変えることができます。

黒紋付き羽織袴・黒留袖

黒紋付き羽織袴（五つ紋）

柄のない黒無地に染め抜きの五つ紋を入れた着物と羽織。男性の第一礼装となり、結婚式では新郎やその父親、仲人らが着用します。生地は主に羽二重です。仙台平と呼ばれる縞の袴をはくのが一般的です。

黒留袖

既婚女性の慶事の第一礼装が黒留袖の五つ紋です。黒地に染め抜き五つ紋を入れ、上半身は無地で、裾回りに絵羽模様が入るのが特徴です。絵羽模様とは、縫い目で模様が途切れず、着物を広げたとき、柄全体が1枚の絵のようになったもの。帯は金銀糸を使い、吉祥文様*1など格の高い文様を織り出した袋帯を合わせます。

*1 吉祥文様…おめでたいことを表す日本の伝統柄。

色紋付き羽織袴・色留袖

色紋付き羽織袴（五つ紋）

男性が着る礼装のひとつ。ベージュやグレー、ブラウンなど、無地の着物に、染め抜きの五つ紋が入れば最上格となります。上品で顔映りのよい色を選ぶとよいでしょう。格を控えめにしたいときは、紋の数を減らすと準礼装にすることができます。

色留袖

地色が黒以外の留袖。染め抜きで五つ紋を入れると第一礼装となり、格式の高い式典などで着ることができます。紋の数を減らせば、準礼装として着られます。黒留袖は既婚者のみの礼装ですが、色留袖は未婚・既婚問わずに着ることができるので、1枚持っておくと便利です。

礼装

振袖

振袖

未婚女性の第一礼装としてハレの場で着用されます。裾回りのほか、衿や肩、袖まで絵羽模様が入り、たいへん豪華です。袂の長さによって3種類あり、くるぶしまでのものが大振袖、ふくらはぎまでのものが中振袖、ひざまでのものが小振袖です。長いものほど格が高いとされ、結婚式のお色直しには大振袖がよく着用されます。成人式は中振袖が一般的です。

紋の雑学

紋とは家ごとに受け継がれた「家紋」のことで、平安時代、貴族が自らの標識（牛車や調度品に文様を付け、他家と区別していた）として用いたことが始まりとされます。その後、戦国時代に武士に広まり、江戸時代には庶民でも屋号を文様化して使うようになりました。もし、自分の家紋がわからない場合は、誰でも使える「通し紋」を入れることができます。よく使われるのは「五三の桐」という紋。もともと桐紋は天皇家の紋章で、功を成した臣下に下賜された格の高い紋ですが、明治時代になると臣下の制服の文様となるなど、比較的自由に使われるようになり、今も貸衣装などによく用いられています。

五三の桐紋

3章　日常を華やかにする着物

準礼装

礼装ほど格式張らず、それでいて公的な場にふさわしいのが
準礼装の着物。女性は訪問着が準礼装の代表格ですが、
ほかの染めの着物を準礼装とすることも可能です。

セミフォーマルな席での着物

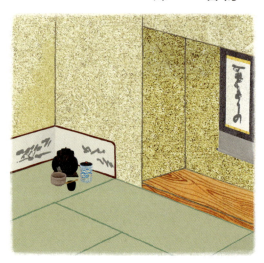

　もともと着物には、"礼装"と"礼装以外"、つまり晴れ着と日常着の区別しかありませんでした。しかし、お茶席や友人のパーティー、祝賀会などの社交の場に出掛ける人が増えると、構え過ぎず、それでいて格を保った、中間的な"お出掛け着"を求める声が高まりました。こうして生まれたのが訪問着です。礼装に準じる格を持つとされ、準礼装の代表格となりました。
　ただし、準礼装は訪問着だけ、ということではありません。

　たとえば礼装に分類した色留袖は、一つ紋にすればカジュアルダウンとなり、準礼装として着ることができます。また、略礼装に分類した着物でも、付下げを華やかな柄にしたり、色無地や江戸小紋の生地や文様の格をあげ、紋の数を増やしたりすれば、準礼装にできます。
　男性の場合は、江戸小紋やお召に一つ紋を入れれば、準礼装として着ることができます。改まった席では袴を着用することを忘れずに。

訪問着

訪問着

大正時代に、格式張らない華やかな社交着を求める動きから生まれました。三越や高島屋が「訪問着」の名で売り出し、名称として定着しました。肩から袖、裾などの縫い目を越えて柄付けされた華やかな絵羽模様が特徴で、未婚・既婚問わずに着られます。着物に見合う帯や小物を選べば着用シーンの幅が広がり重宝します。最近は紋付きの場合には、礼装として着る人もいます。

訪問着の歴史

訪問着が生まれた大正時代は、人々の生活が簡略化・洋風化しつつありました。上流階級ではイスに座ることが増え、上半身に文様がない留袖を着ていると、少し寂しい印象を与えるようになったのです。そんなとき裾回りだけではなく衿元や袖まで文様を入れ、格式を保ち、しかも華やかでインパクトのある訪問着が登場したのです。すると、あっという間に人気となり、年齢を問わず、多くの人に着用されました。もともと、礼装に準ずる着物として生まれたため、訪問着にはおめでたい文様や多彩な色が使われ、格式高い場でも華やぎを添える存在となっています。

略礼装

ちょっとしたフォーマルな席で着るのが略礼装。準礼装よりは格式が下になり、いわゆる社交場での平服です。色無地や付下げ、江戸小紋、お召などがこのカテゴリーに入ります。

パーティーやライフイベントでの着物

　たとえば、格式張らない結婚式の招待状に「平服でお越しください」と書かれていた場合には、どんな着物を着たらよいでしょうか。

　平服といっても結婚式はハレの場ですから、あまりカジュアルな装いは好ましくありません。かといって礼装・準礼装では格が高過ぎて、場にそぐわないこともあります。そんなときは、きちんとした印象を与えつつ、華美になり過ぎない略礼装の出番です。入学式や卒業式、パーティーなどでも略礼装が活躍します。

　女性は、色無地、付下げ、江戸小紋がその代表格です。

　男性は、江戸小紋やお召が適しています。気軽なパーティーなら袴は付けず、仰々しくならないよう羽織に一つ紋、または紋なしで出掛けましょう。

色無地・付下げ・江戸小紋・お召

色無地
いろむじ

黒以外の1色で染めた着物が色無地です。模様や刺繍などは入りません。生地によって地紋のあるもの・ないものがあり、印象もそれぞれで、バリエーションが豊富です。紋を入れれば格を高くでき、帯や小物の選び方で表情が変わるため、さまざまな席で使える万能な着物です。特に、シンプルさが好まれるお茶席には、必須の1枚といえます。

付下げ
つけさげ

訪問着を簡略化したおしゃれ着として、戦前に誕生しました。基本的には縫い目で柄がつながらず、独立した柄になっており、絵羽模様の訪問着よりも華やかさは抑えられます。また、着物の格も訪問着より下とされます。ただし、最近は部分的に縫い目で柄がつながるものもあり、見分けがつきにくいこともあります。

3章｜日常を華やかにする着物

江戸小紋

遠目からは無地に見えるほど細かな文様を型染めしています。柄によって格が変わることが特徴です。特に、細かい点を鮫肌のように連ねた「鮫」、小さな点を斜めに整然と配した「行儀」、小さな四角を並べた「角通し」は"三役"と呼ばれ、格が高いです。ここに紋を入れると、準礼装として使えます。

お召

先染めした縮緬のこと。江戸時代、第11代将軍徳川家斉が好んで"お召し"になったことから、この名が付きました。通常の縮緬よりもハリと光沢があり、シャリ感のある肌触りが特徴です。男性のお召は背紋を入れることで、準礼装としても着用できます。

略礼装

着物の応用力

　ここまで、着物を理解してもらうために、礼装、準礼装、略礼装という分類で紹介してきました。しかし、前述したように、着物の格を大きく分けると"礼装"と"礼装以外"が基本です。

　つまり礼装の黒留袖や紋付き羽織袴などは、あまりほかの用途には着用しませんが、準礼装以下は、もう少し幅を持たせて着ることができます。帯も同じです。

　たとえば、略礼装に分類した色無地は、一つ紋を入れることで準礼装に格上げするため、「準礼装」「略礼装」と装いの幅が広がります。

　このように、紋の数や色柄、あるいは合わせる帯や小物によっても、略礼装になったり、日常着になったりするのが着物の楽しいところです。

▶TPOに合わせて着る着物…P70
▶帯を知る…P86

3章　日常を華やかにする着物

着物・帯・小物

日常着

略礼装までは「染めの着物」が主でしたが、日常で着る着物は「染めの着物」「織りの着物」両方があります。紬や木綿など、着込むほど体になじみ、着やすく、お手入れが楽なのも特徴です。

気軽な場での着物

　特別なお出掛けではなく、休日のちょっとしたショッピングや街歩き、観劇、気軽なランチデートなど、いわゆるカジュアルな場面でこそ、着物をさらりと着られるとおしゃれです。

　堅苦しいルールは気にせず、好きな色柄で、着ていて楽な着物を選び、自由なコーディネートで楽しみましょう。

　カジュアル着物の定番は織りの着物。そのなかでも、江戸時代から日常着として着られてきた木綿は、丈夫で動きやすいのでおすすめです。紬は日常着向きではありますが、絹織物なので、ちょっとしたお出掛けのときに着る着物としても活躍します。

　染めの着物である小紋もカジュアルの位置付けとなります。柄も古典からモダンまで、さまざまなものがあります。

　着物は好きなものを選び、帯結びは体が楽な方法で。小物などでアレンジを加え、自分らしく着こなしてみましょう。

紬
(つむぎ)

真綿から糸を紡ぎ、織っているため、軽くて丈夫です。しかも絹織物なので着心地がよく、着るほどに柔らかくなり、味が出るのが特徴といえます。日本全国、多くの産地があり、また産地ごとに発展を遂げているため、今ではさまざまな風合いの紬があります。産地としては結城紬、大島紬、米沢紬などが有名です。
(ゆうきつむぎ)(おおしま)(つむぎ)(よねざわつむぎ)

小紋
(こもん)

反物に、模様を繰り返し染めた着物が小紋です。柄には上下のないものが選ばれます。柄と柄の間隔が広く取られた「飛び柄」なら上品なイメージになります。一方で、柄が着物全体に描かれた「総柄」なら華やかなイメージになり、遊び心を取り入れた着こなしができるでしょう。デザインが豊富なのも小紋の魅力のひとつです。
(たんもの)(そうがら)

木綿・ウール

木綿

綿花のワタ繊維からつくられるため吸水性に富み、摩擦にも強く、日本の気候風土にも合うことから、長く庶民の日常着として愛用されてきました。単衣で仕立てることが多く、厚手のものから薄手のものまでそろうので、季節に幅広く合わせられます。また、自宅で洗濯できるので、汚れや汗も気にせず着られます。久留米絣や伊勢木綿などが有名です。

ウール

羊毛の糸で織った生地で仕立てたウール着物は、基本は裏地を付けない単衣仕立てですが、暖かいので冬の着物としてもおすすめです。ドライクリーニングができるなど、手入れも簡単です。紳士服のウール地などから誂えることもでき、正絹よりも手ごろな価格で入手できるのも魅力といえます。

日常着

浴衣

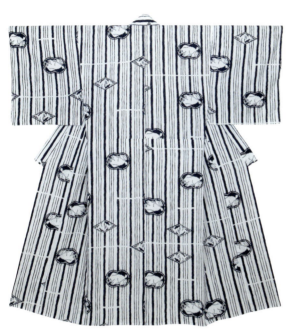

浴衣(ゆかた)

平安時代、貴族が蒸し風呂に入るときに身に付けた"湯帷子(ゆかたびら)"が浴衣の起源とされます。その後、湯あがりに身に付ける部屋着・寝間着などに用いられ、今では夏のファッションアイテムになりました。素材は木綿のほかに、麻やポリエステルなど。色柄や素材によっては、長襦袢を着て、半衿(はんえり)を重ねることで夏着物としても着られます。

3章 — 日常を華やかにする着物

浴衣で着物ライフの第一歩を踏み出す

最近は夏祭りなどのイベントに浴衣を着る人が増え、素材も色柄もバラエティ豊かなものが登場しています。帯にリボンやビーズを飾ったり、ミュールやスニーカーを履いたりと、既成概念に縛られず楽しむ人も増えています。本格的な着物を着る練習にもなり、最初に着る着物としてもぴったりです。市販のものもよいですが、呉服店で誂えると体にぴったりと合い、気持ちよく着ることができます。

着物・帯・小物

帯を知る

帯にも多くの種類があり、それぞれに着物と同様に「格」が存在します。現在、よく使われる帯は、女性は袋帯、名古屋帯、半幅帯、兵児帯、男性は角帯、兵児帯です。それぞれの特徴を知っておきましょう。

帯は着物の装いを決める

帯にも着物と同じく"礼装"と"礼装以外"があります。着物を着るとき、合わせる帯とその結び方によって、全体の雰囲気も格も変わってくるので、身に付けるときは慎重に選びましょう。

現在、最も多く用いられる女性の礼装の帯は袋帯で、長さがあり、文様も豪華で格式高いです。まさに、ハレのシーンにふさわしい帯といえます。なお袋帯には、礼装以外にも使える洒落袋帯もあります。

女性の礼装以外の帯の筆頭は名古屋帯です。幅は袋帯と同じぐらいで長さは短く、扱いも簡単で人気です。

名古屋帯は種類が豊富で、ものによっては準礼装で使えるものもあります。また、帯の柄付けには、全体に柄が入る「全通柄」、全体の6割だけ柄が入る「六通柄」、前帯とお太鼓にあたる部分に柄が入る「お太鼓柄」の3種類があります。

結びやすく、扱いやすいのが半幅帯や兵児帯で、カジュアルシーンで活躍します。

男性の場合は、角帯を礼装でも礼装以外でも使うことができ、礼装には織りの帯を使います。

兵児帯は女性と同様に、カジュアルシーンで使用します。

着物と同様に、帯も「礼装」「準礼装」「略礼装」「日常着」に分類できます。ただし、合わせる着物や柄、帯の雰囲気によっても格は変わるので、あくまでも目安として覚えておきましょう。また、着る場所やシチュエーションによって、結び方を変えるとよいでしょう。

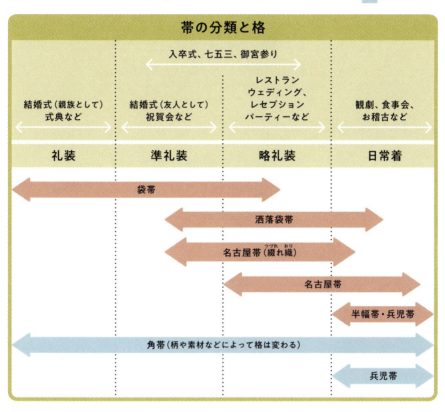

帯の長さと形

帯はもともと、着物を体に固定させるためのひも。最初は幅もそれほど広くなかったのですが、江戸時代になり、おしゃれな装飾品へと変貌し、幅広になりました。すると、今度は動きにくいという声があがり、半分に折って使うようになります。その後、名古屋帯や半幅帯なども登場し、さまざまな装いが楽しめるようになりました。

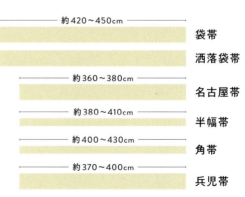

3章｜日常を華やかにする着物

帯の格

礼装

留袖や訪問着、紋付きなど礼装・準礼装に合わせる格の高い帯。
着物を引き立てる華やかな文様が織りなされます。

袋帯

袋状に織られており、二重太鼓を結ぶことのできる長さがあります。色糸に加えて金銀糸を使い、吉祥文様など格のある文様を織り出した、豪華で格式の高い帯です。二重太鼓には「喜びが重なる」という意味があり、慶事で留袖などの礼装に合わせて結びます。

角帯

男性の帯として最もポピュラーなのが角帯で、幅が8〜10cmあります。日常着から礼装まで使えますが、礼装で着用できるのは織りの角帯のみなので注意しましょう。福岡市の博多地区で織られる正絹の博多献上帯は、礼装にも礼装以外にも使えるので便利です。礼装以外では染めの角帯などがあります。

88

準礼装

礼装まではいかないけれど、きちんと装いたいときに用いる帯。
格式ある柄を選べば凛としたコーディネートになります。

洒落袋帯（しゃれふくろおび）

袋帯は礼装で締めるのが一般的ですが、フォーマルシーン以外でも使えるのが、金銀糸をほとんど使っていない洒落袋帯です。袋帯と仕立て方や長さは一緒ですが、柄や文様は趣味性を活かしたものが多いのが特徴です。礼装には用いず、準礼装や略礼装などとして使うのが一般的です。色柄によっては、カジュアルに用いてもおしゃれです。

綴れ織（つづれおり）の名古屋帯

名古屋帯のなかでも、綴れ織だけは準礼装の格になります。独特の爪掻き*2で絵を描くように、よこ糸をひと目ひと目織り込む本綴れ織りは、歴史のある技法です。糸で絵を描くように織り込んでいき、たて糸が表面から見えにくいため、両面が使用できるという特徴があります。訪問着などの準礼装に使う場合は、格のある文様で、金銀糸の入ったものがおすすめです。

*2 爪掻き…職人の爪先でよこ糸を掻き寄せて、織りあげる伝統技法。

略礼装

色無地、付下げ、江戸小紋などと相性のよい帯です。

織りの名古屋帯

胴に巻く部分をあらかじめ半幅に仕立て、一重太鼓を結べるようになっているのが名古屋帯です。大正時代、名古屋の女学校の教員が、考案したとされ、礼装以外の定番となりました。色柄や素材などが豊富で、日常着に合わせることもできます。応用範囲が広いので、最初に入手したい女性の帯です。

名古屋帯は種類ごとに「格」が異なる

バリエーション豊富な名古屋帯は、長さや仕立てによる格の差があります。基本は織り帯と染め帯があり、織り帯が格上になります。さらに反物幅によって九寸(約34cm)と八寸(約31cm)に分かれ、裏地を縫い合わせて仕立てる九寸が格上となります。

 名古屋帯の格

綴れ織の名古屋帯
金銀糸を使ったものが最上格です。

織りの九寸名古屋帯（金銀糸なし）
金銀糸を使わないためにややカジュアルな雰囲気です。

染めの九寸名古屋帯
織りよりも格がさがります。柔らかなイメージがあります。

八寸名古屋帯
帯芯を入れず端をかがって仕立てた帯。カジュアル向きです。

帯の格

日常着

紬や木綿、浴衣といった気軽な日常着に合わせる帯。
袋帯や織りの名古屋帯と異なり、比較的自由な結び方が楽しめます。

染めの名古屋帯

名古屋帯のなかでもカジュアルに着られるのが、染めの名古屋帯です。生地にもよりますが、織りの名古屋帯よりも柔らかで優しい風合いが特徴で、季節感を表す柄が入っている帯も多くあります。色柄が華やかで目を引くため、会食や観劇、街歩きなど、普段使いにぴったりの帯といえるでしょう。

半幅帯

その名の通り、帯幅が袋帯や名古屋帯の半分の帯です。重量も軽く、カジュアルなシーンで活躍します。矢の字、貝ノ口、文庫結びといった結び方が基本となります。帯揚げや帯締めを組み合わせて楽しむのもよいでしょう。

兵児帯

生地が柔らかく、幅広の帯です。幕末から明治初めの動乱期に、薩摩の若手藩士（方言で「兵児」）が軍装時に締めていた帯が、一般に広まったといわれます。男性と子ども用でしたが、手軽に結べることから、今は女性でも浴衣や日常着に用います。写真の絞りの帯は男性の浴衣の定番です。女性用の適度にハリのあるタイプであれば、お太鼓のように結ぶこともできます。

3章｜日常を華やかにする着物

着物・帯・小物

襦袢

襦袢は肌着と着物の間に着るインナーです。
着物に汗などがつかないようにするとともに、着物姿をすっきりと整える役割を果たします。ちらりと見えることで、遊び心を演出することもできます。

''''''''''''''''''''''''''''''''''
定番の襦袢

女性用の襦袢
着物と違って、おはしょりのない形で、自分の着丈で誂えるのが基本です。男女とも、無地のものは礼装向きです。

男性用の襦袢
着物の袖口や裾から出ないように、少し短めに仕立てます。男性は着物の色柄がシックな分、長襦袢でさりげなく色柄を見せるのが粋です。

襦袢という言葉は、「ジバゥン」というポルトガル語が語源とされます。戦国時代、来訪したポルトガル人が着ていたスタンドカラーで長袖のシャツ「ジバゥン」が武将に気に入られて、甲冑下に着る胴着として定着。江戸時代になると、半襦袢から長襦袢に移行し、現代の形へと至っています。

襦袢には、着物に汚れがつくのを防ぐとともに着物姿の土台をつくるという重要な役割があります。

体に合ったサイズの長襦袢は着物姿をすっきりと見せてくれます。襦袢をきれいに着ることで、着崩れもしにくくなるので、おろそかにはできません。素材は、正絹か化学繊維が基本です。汗ばむ季節には、麻や綿素材のものもあります。

袖口や振り、裾などから、ちらりと見えることがあり、それが装飾的な役目を果たします。着物との色合いを意識したり、逆にアクセントになる色や柄を選んだりすれば、おしゃれの幅がぐっと広がるでしょう。

洗える襦袢

綿や麻、ポリエステル素材であれば自宅でも気軽に洗えますが、最近は正絹でも、水で洗える長襦袢が登場しています。汗ばむ季節には重宝します。写真は洗える正絹の鱗文様の長襦袢。

個性的な襦袢

個性が強い柄の長襦袢は、裾や袖からちらりと見えたときに、粋な雰囲気です。カジュアルな場では、遊び心のある長襦袢で、自分らしさを表現するのもよいでしょう。写真は現代の銀座の街並みをモチーフにした長襦袢です。

着物・帯・小物

半衿

着物の衿元の印象を決めるのが半衿（はんえり）です。
女性の定番は白半衿で、フォーマルな場でもカジュアルな場でも使えます。
男性は、礼装の場合は白で、それ以外は色半衿を合わせてもよいでしょう。

さまざまな色柄の半衿

半衿（はんえり）は、襦袢（じゅばん）の衿に縫い付ける布で、汗や汚れから着物や襦袢を守る役割を果たします。それだけでなく、顔の一番近くにあるため、顔映りやコーディネート全体の印象を決める側面もあり、大事なアイテムです。

半衿には白、色柄もの、刺繍入りなどいろいろな種類があるので、季節や目的に応じて使い分けましょう。

たとえば、袷（あわせ）に合わせるなら塩瀬（しおぜ）*3や縮緬（ちりめん）生地のものがおすすめです。単衣（ひとえ）に合わせるなら、楊柳（ようりゅう）や薄手の塩瀬がよいでしょう。盛夏は、涼しげに絽（ろ）や麻を選びます。

また、結婚式など慶事の式典では正絹の白が鉄則です。弔事の場合は女性は白、男性は白や黒、グレーを使います。

着物を着るときは、前日までに半衿を襦袢に縫い付けておき、当日に慌てないようにしましょう。

*3 塩瀬…よこ糸に太い糸を織り込んだ細い筋（畝）のある絹織物。

半衿はシーンに合わせる

（男女兼用）

フォーマルな半衿

結婚式などの慶事では白の半衿を付けます。フォーマルな場で一般的な白半衿は、塩瀬でつくられたものです。やや厚手でしなやかな風合いが特徴です。白はどんな着物の色柄にも合い、顔映りもよく、慶事での装いを引き立てます。カジュアルな場面にも使えるので、まさにオールマイティーな1本です。

カジュアルな半衿

色柄や刺繡の入った半衿は、振袖の刺繡半衿を除いて、カジュアルに分類されます。同じ着物を着ていたとしても、半衿をカジュアルにするだけで印象は変わります。たとえば、略礼装の着物には、華やかな刺繡や地紋の入った半衿を付けると素敵です。日常着の着物には、淡い色の半衿でソフトな印象を与えたり、濃い色で個性的な印象を与えたりと、さまざまな雰囲気で装えます。

（男性用）

3章─日常を華やかにする着物

帯揚げ・帯締め・帯留め

女性の帯結びをするときに、しっかりと帯を固定すると同時に、
美しく仕上げるための小物が帯揚げ・帯締め・帯留めです。
色柄や素材によってフォーマル向き、カジュアル向きに分かれます。

帯揚げ

フォーマルな帯揚げ

フォーマルな装いには白や淡い色で、綸子の織り文様や、金銀糸が入った豪華で光沢感のあるものが向きます。なお、慶事の礼装用には白無地を選び、準礼装には淡い色を選ぶとよいでしょう。一方で、弔事の礼装には黒無地を選び、準礼装・略礼装には、鼠色などの落ち着いた色の無地を選ぶとよいでしょう。

カジュアルな帯揚げ

カジュアルな場では、好みの色柄の帯揚げを選んで、コーディネートに華やかさを添えましょう。着物や帯にある色からひろって帯揚げを決めると、合わせやすく、全体の調和もとれます。帯揚げは見える面積が小さめですが意外に目立ちます。そのため、着物がシンプルなときほど、大胆な色柄がよいアクセントになるでしょう。

帯揚げ・帯締めは、実用的なアイテムでありながら、同時にコーディネートを決める大事な役割を担います。

帯揚げは、帯を整え、支える帯枕を覆うものですが、帯からの出し具合で印象が変わります。華やかに装いたいときは帯から多めに出し、控えめに装いたいときは帯のなかに入れ込みましょう。帯締めは、帯を固定するために結びます。フォーマルからカジュアルまで、さまざまな種類があります。帯留めはアクセサリー感覚で、おしゃれを楽しめるアイテムです。

帯締め

帯締め

着付けの際、最後に帯の中央で結び、帯を支えます。絹糸を組んでつくられ、フォーマルな場では、白または金銀糸を使ったものを品よく使います。カジュアルな場では、アクセントになる色を選んでもよいでしょう。写真は角組の一種の冠組*4という組み方で、通年使えます。ほかに平組*5や丸組*6、夏向きのレース組*7などがあります。

帯留め

帯留め

帯の前中心に飾る装飾品です。細い二分ひもや三分ひもの帯締めを通して使うのが一般的です。素材にはべっ甲、サンゴ、木彫、宝石類、貴金属などが使われます。季節を表すものや縁起ものなど趣味性の高いものが多くあります。着用シーンに合わせ、好みやコーディネートの雰囲気で使い分けましょう。

---

*4 冠組…ひもの断面が四角になる組み方（角組）のひとつ。冠に使われたので、この名が付いた。
*5 平組…ひもが平らになるようにした組み方。　*6 丸組…ひもが円筒形になるようにした組み方。
*7…正絹のレースひもを使った組み方。

着物・帯・小物

履物

着物で外出するときの足元の装いは、シチュエーションによって選びます。
フォーマルな場では、白足袋に草履を合わせるのが基本です。
カジュアルな場では、下駄などで粋に決めるのもよいでしょう。

履物は清潔感を心がけて

足袋
女性は礼装から日常着まで、白が主流です。男性は一般的に白足袋が礼装用で、色足袋や柄足袋はカジュアル用です。着物と同系色を選ぶほか、差し色にするのもおしゃれです。足袋は足にぴったりと履きます。

草履
牛革やエナメル、帆布（はんぷ）、麻、畳表（たたみおもて）などの素材でつくられ、フォーマルからカジュアルまで使えます。台の高さや鼻緒（はなお）の素材もいろいろな種類があります。疲れにくい真綿（まわた）入りの草履はおすすめです。

下駄
カジュアルな着物に合わせます。足袋を履いても、素足でも大丈夫。素材には桐や杉が使われ、白木のもの、塗りのものなどがあります。男性用は幅が広く、女性用は細身につくられます。

雪駄（せった）ってなに？
竹皮で編んだ表面に牛革の裏革を縫い付けた履物です。丈夫で傷みにくいのが特徴。鼻緒の種類により、日常から礼装まで、幅広く使えます。

98

フォーマル

結婚式や式典(入学式、卒業式など)、お茶席などが似合います。

フォーマルな場での履物

フォーマルな場では白足袋に草履を合わせます。女性の草履は牛革や合皮の張られたもので、薄いグレーやベージュなど白系の台に、金銀糸入りの織りの生地の鼻緒などで華やかにしましょう。一般に台の高い草履がフォーマル向きといわれます。男性はシンプルな草履、または鼻緒が白なめし革の雪駄が向いています。男性の紋付きの場合は、雪駄が必須となるので注意しましょう。

淡い色合いで品のある草履です。
(女性用)

自然の風合いの畳表白なめし革の雪駄です。
(男性用)

カジュアルな場での履物

カジュアルな場では色足袋に草履を合わせたり、素足に下駄や雪駄を合わせたりします。男女ともに、表面や鼻緒に色柄がついている履物はカジュアル向きです。カジュアルでは特に、履きやすさや歩きやすさを重視しましょう。

街歩き、花火大会、カフェデート、日帰り旅行などが似合います。

ベルベット生地の美しい草履です。
(女性用)

チェックの鼻緒がしゃれた草履です。
(男性用)

カジュアル

3章 日常を華やかにする着物

そのほかの小物

着物姿に追加しておしゃれに

コート

防寒や雨よけのための和装用コートです。女性ものでは、衿開きが四角くなっている「道行」(写真)や、裾すぼまりの「道中着」などがあります。男性ものでは、袂に丸みをつけない「角袖コート」「マント」「インバネスコート」などがあります。

羽織

装いのアクセントとして着物の上に重ねて着ます。もともとは男性のアイテムですが、明治時代になり女性も着るようになりました。洋装でいうジャケットやカーディガンにあたるため、室内で脱ぐ必要はありません。

着物を着て外出するときは、
バッグやコート、帽子などを上手に使ってコーディネートしたいもの。
昔ながらのかんざしも、和装ならではのアイテムです。

バッグ

女性用の礼装用のバッグには、錦織や佐賀錦などの格調高い織り物の小ぶりなものがよいとされます。なお、礼装以外は洋服用のバッグを兼用しても構いません。また、主に男性用として、口をひもで縛って使う合切袋や信玄袋などがあります。男性の場合、礼装では袋物を持ちません。

帽子

男女ともに使える小物です。着物姿に帽子を合わせると、ぐっと小慣れた雰囲気になります。人気なのは頭頂部がへこんだ中折れ帽。春から夏はパナマやブンタール、秋から冬はフェルト素材などを選ぶとよいでしょう。

手ぬぐい

手を拭いたり汗をぬぐったりするアイテムです。食事どきのナプキン代わりにもなります。吸水性が高く、乾きも早いため便利です。はがきサイズに畳んで懐に入れておけば、男性の着崩れ防止にもなります。

かんざし

着物姿では髪はアップにすると、衿足が美しく見えて素敵です。その際、まとめ髪ができたら、最後にポイントとして挿します。素材はべっ甲や水牛角、形はバチ型や玉かんざしなど、お好みで楽しめます。

3章　日常を華やかにする着物

着付けに必要な小物

スムーズな着付けを支える

衿芯
女性用の小物です。衿元を整えるための芯で、「差し込み芯」と「三河芯」があります。差し込み芯は長襦袢の衿に通して使います。三河芯は厚みのある丈夫な三河木綿でできており、襦袢の衿に縫い付けて使います。写真は差し込み芯です。

衿留め
男性用の小物です。衿元がはだけるのを防ぐために、長襦袢の衿に付けます。着物の衿に付けることもできます。

（写真は女性用）

伊達締め
男女ともに使う小物ですが女性は腰ひもで締めた上から用いるもので、着崩れを防止してくれます。襦袢と着物に1本ずつ巻きます。しなやかでよく締まる絹の博多織や、綸子(りんず)素材などが一般的です。男性用に、細幅のものもあります。

（写真は男女兼用）

腰ひも
男女ともに使う小物です。長襦袢や着物を着るとき、腰や胸元で結んで着崩れを防ぐために用います。女性は最低3本、男性は最低2本は用意しておくと安心です。伸縮性があると楽なので、ゴム製の腰ベルトなどを使うのもよいでしょう。

着付けをスムーズに行うために必要な小物を、まとめて紹介します。種類も数も豊富にあるので、さまざまなアイテムを試してみて、使いやすい自分好みのものを探しましょう。

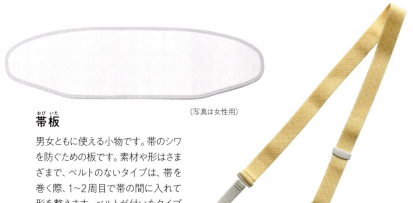

(写真は女性用)

帯板（おびいた）

男女ともに使える小物です。帯のシワを防ぐための板です。素材や形はさまざまで、ベルトのないタイプは、帯を巻く際、1～2周目で帯の間に入れて形を整えます。ベルトが付いたタイプは帯結びをする前、伊達締めの上に着けます。男性用に、細幅のものがあります。

コーリンベルト

女性用の小物です。着付けの際、長襦袢の衿合わせや着物の衿を整えるのに使う、両端にクリップが付いているゴム製のベルトです。アジャスターが付いているため長さを調節できます。

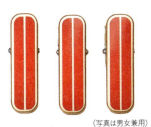

(写真は男女兼用)

クリップ

男女ともに使える小物です。着付け中の崩れを防いだり、帯を仮止めしたりするアイテムです。挟む部分が平らで着物を傷つけにくい構造になっています。洗濯バサミだと生地を傷つけるおそれがあるので、2～3個持っておくと便利です。男性の袴の着付けにも重宝します。

帯枕（おびまくら）

女性用の小物です。帯結びを形づくるのに用いるアイテムです。ひも付きや、ガーゼに包まれたものなど、種類はさまざま。帯揚げで包み使います。大きさも各種あるので、好みの結び方に合わせて選びます。

着物を着る際の心構え

着付けの前日は念入りに準備を

準備その1

数日前から天気予報を確認すること。
雨天、晴天、高温、低温など、
その日の天候に合わせて最適な着物を選びます。

準備その2

コーディネートを事前に決めて、必ずたんすから出して確認すること。
想像と実際の色柄が微妙に合わないこともあります。

準備その3

着付け前日に必要なものは
準備をしておき、シワがあるものは
アイロンをかけておきましょう。
当日は慌てず、時間に余裕を見ながら
着付けすることが重要です。

着物を着る日が決まったら、数日前から準備を始めましょう。着物は天候に左右されることが多いので、天気予報はこまめにチェックを。また、日ごろから浴衣（ゆかた）で和装に慣れておくと、着物を着る心構えができていきます。

着物の着付けは、洋装より時間がかかります。だからこそ、事前準備をしっかりして、無駄なくスムーズに着物を着られるようになりましょう。

まず、着物を着る日が決まったら、数日前から天気予報をチェックします。雨が予想される場合は、雨コートや雨草履などを準備しておくとよいでしょう。また、暑い場合は単衣（ひとえ）や麻の長襦袢にしたり、寒い場合は肌着や防寒コートなどを用意したりと、気温に応じたアイテムをそろえます。

行く場所や会う人のことを考えながら、なにを着るかを選ぶのも大事です。

選んだ着物と帯、帯締め、帯揚げ、足袋、草履などは、一通りたんすなどから出して、汚れや傷がないか目で見て確認するようにします。頭でコーディネートを想像しているだけだと、意外に色味や柄が合わないこともあるので、必ず目でチェックしましょう。そして当日は、時間に余裕を持って行動することが重要です。どんなに準備万端に整えたつもりでも、トラブルは発生するものです。ひもがない、半衿（はんえり）を付け忘れた、着物にシミが付いていた、などなど。でも、どんなときでも時間に余裕さえあれば、たいていのことは対処できます。

まずは慌てずに落ち着いて、行動するよう心がけましょう。

3章 — 日常を華やかにする着物

浴衣で生活して着物に慣れる

着物の着心地や所作を知るためには、日ごろから家で浴衣（ゆかた）を着て生活するのがおすすめです。襦袢なしで着られる浴衣は気軽に着ることができるので、着付けの練習にうってつけです。浴衣を着たまま立ったり座ったり、階段を上り下りしたり、かがんだりと、いろいろな動作をすることで着物の所作がわかると同時に、帯がきつい、着崩れしやすいなど、自分の着付けの欠点も見えてくるでしょう。

着付け

着物を着る

正しく着物を着るためには、着付けの流れを理解することが重要です。
特に、着崩れを防ぐために、足袋は最初に履くようにします。

着付けの流れ

用意するもの

- ☐ 足袋・肌着　☐ 襦袢　☐ 帯板（おび いた）　☐ 腰ひも*（3本）
- ☐ 着物　☐ 帯揚げ　☐ 帯枕（おび まくら）　☐ クリップ
- ☐ 帯　☐ 帯締め　☐ 伊達締め（2本）
- ☐ 補正用のタオルや手ぬぐい（必要であれば）

＊胸ひも、仮ひもとしても使います。

1

足袋を履く

着崩れを防ぐために、必ず最初に履きます。

▶足袋・肌着を身に付ける
　…P108

2

肌着を付ける

女性の場合、体型によっては補正も重要です。男性はＶネックやＵネックのＴシャツ、ステテコで構いません。

▶足袋・肌着を身に付ける
　…P109

3

長襦袢を着る

肌着の上に着ます（浴衣の場合は長襦袢を着用しない）。

▶女性の長襦袢の着付け
　…P122

▶男性の長襦袢の着付け
　…P124

美しい着姿になるためには、着付けの流れを確認しておくことが重要です。

どういった順番で身に付けていくのか。どうしてその順番で身に付けるとよいのか。また、どのような手さばきで着付けているのか。それらを知ることは、正しくスムーズな着付けの第一歩です。これから、具体的に説明します。

いきなり完璧な着姿を目指すというよりは、着慣れるという意識で、気軽に着てみてください。最初に着付けする場所を決めます。着付けに慣れないうちは、ある程度広いスペースを要しますので、まずはきちんと場所を確保しておきます。気温が高い季節の場合は、着付け中に汗をかかないように、部屋を涼しくしておくとよいでしょう。また、着付けには時間がかかりますから、トイレに行っておくと安心です。着付け中に動き回るのはあまりよくないので、小物や道具、鏡はそばに置いておきます。ここまでできたら、実際に着物を着ていきましょう。

着崩れ防止のために、最初に足袋を履きます。きちんと足首まで入れ込み、こはぜが外れないように止めます。次に肌着です。必要に応じて補正をして、着付けの土台をつくりましょう。

その後、長襦袢と着物を着て、帯を結びます。

手順通りに着付けするのが、美しい着姿への第一歩です。流れを頭に入れておきましょう。

3章 ― 日常を華やかにする着物

4
着物を着る
長襦袢の上に着ます。
▶女性の着物の着付け…P126
▶男性の着物の着付け…P138

5
帯を結ぶ
着物の上から体にしっかりと巻きつけます。
▶女性の着物の着付け…P126
▶男性の着物の着付け…P138

上半身は動かさない

長襦袢を着てからは、上半身をなるべく動かさないようにしましょう。たとえば、床に広げたものを取るときには、手だけでは取りにくいので、しっかりとしゃがんで取るようにします。このようなちょっとした意識が、着崩れ防止につながります。

着付け

足袋・肌着を身に付ける

着付けを美しくするためには、ひとつひとつの工程をきちんと行うことが重要です。特に、長襦袢までの最初の段階を大切にしましょう。その後の着崩れ防止につながります。

足袋を履く

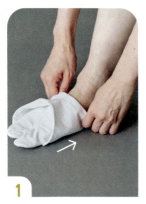

1

足袋に爪先を入れる

こはぜ*8を外して、足袋を外側に半分ほど折り返し、爪先を足袋に入れます。

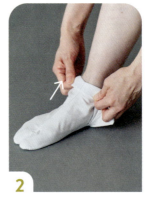

2

かかとを入れる

折り返した足袋をゆっくりと戻します。その際に足袋の足首部分を引っ張り、かかとが入るようにします。

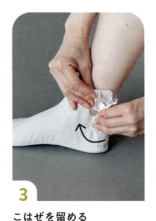

3

こはぜを留める

足首まで足袋に入れます。足首を直角にして、こはぜを下から順に留めていきます。反対の足も同じ手順で履きます。

足袋のポイント

着物を着てから足袋を履こうとすると、多くの場合、着崩れを起こしてしまいます。必ず最初に足袋を履くようにしましょう。また、こはぜの留め方にも注意が必要です。掛け糸に浅く掛けるだけではすぐに外れてしまうので、こはぜの根元までしっかり入れましょう。

*8 こはぜ…足袋の履き口についている留め具で、対にある掛け糸に引っ掛けることで足袋を留める。

肌着を付ける

正面　　　　　　　　　背面

胸元
胸の高い位置をきちんと包むことで、胸元がきれいになります。

背面
長襦袢の衿(えり)から見えないように、多めに抜く(引きさげる)ようにします。

下前
裾よけで下腹部をやや持ちあげるように引き合わせます。左脇で折り返すと、裾さばきが楽になります。

裾(すそ)
くるぶしの上で裾よけの丈を決めます。両端は少し引きあげぎみにすると、すっきりします。

補正
体型によって、補正をすることが重要です。ウエストのくびれなどをなくし、寸胴になるように整えるのがポイントです。

肩から胸
横に三つ折りにしたタオルをV字形にのせ、肩から胸のラインをきれいに出します。

ウエスト
横に二つ折りのタオルを腰ひもに挟んで巻いて、ウエストを寸胴にします。

3章｜日常を華やかにする着物

着付け

女性の浴衣の着付け

浴衣は長襦袢が不要で、練習すれば簡単に着られるようになります。
着物に慣れる前のステップとして、
まずは浴衣の着付けに挑戦してみましょう。

浴衣の着方から半幅帯の角出し風帯結びまで

1 浴衣を羽織る
浴衣を羽織って片手で左右の衿先を合わせて持ち、もう片方の手で背縫いを持ちます。衣紋を抜き*9、背中心を合わせます。

2 着丈を決める
浴衣を持ちあげ、くるぶしのあたりで着丈を定めます。

3 上前を合わせる
右側の腰骨の位置に上前の端がくるように上前を合わせて、上前幅を決めます。

女性の浴衣の着付けのポイント

長襦袢を着ないため着物に比べると気軽に着られますが、その分、体の線が出やすくなります。そのため、補正もある程度は行うことが大切です。着付けの手順は着物とほぼ同じですが、衿元がはだけないようにすることと、やや短めに着ることが大切です。

110　*9 衣紋を抜く…後ろ衿を引きさげて、首との間に空間をつくること。

4 下前を入れ込む

上前を開いて、下前を左脇に入れ込みます。その際、つま先を床から7〜8cmほどあげます。

5 再び上前を合わせる

再び上前を合わせ、体にぴったりと合わせます。その際、つま先を床から3〜4cmほどあげます。

6 腰ひもをあてる

合わせた上前を右手で押さえたまま、左手で腰ひもを取り、ひもの中央あたりを腰骨より上にあてます。

7 左手で水平に渡す

左手で一方のひもを伸ばし、まっすぐ水平になるように渡します。このとき、腰ひもが腰骨より2〜3cmほど上にくるのが標準です。

8 後ろで交差させる

腰ひもをまっすぐ水平に保ったまま、後ろで交差させます。

9 脇できゅっと締める

脇できゅっと締めて、腰ひもをしっかり引き締めます。

3章｜日常を華やかにする着物

10
ひと結びする
中心からずらした右脇の位置で、腰ひもを1回結びます。

11
ねじって挟み込む
結んだ腰ひもを左右に180度ねじります。次に指先を使って両端の腰ひもを挟み込んで、ひも下のシワを両脇に寄せます。

12
後ろのおはしょりを整える
身八つ口から両手を入れて、後ろのおはしょりを下におろし、整えます。

共衿

13
背中心を合わせて衿を抜く
前のおはしょりも後ろと同様に整えた後、左右の衿を合わせて持ち、背中心を合わせたら片手にあげけて、もう片方の手で背縫いを持って衿を抜きます。

14
両衿を整える
右手では上前を持ち、左手は身八つ口から手を入れて下前の衿を持ち、左右の衿元を深めに合わせます。斜め下に引き、両衿を整えます。

15
おはしょりを整える
おはしょりのラインがすっきり整うように、衿を両横に引きます。

女性の浴衣の着付け

16
胸ひもを結び、シワを寄せる
腰ひもと同じ方法で胸ひもを結びます。胸ひもの下から指を入れて、背中のシワを中央から両脇に寄せます。

17
伊達締めをあてる
胸ひもの上に、伊達締めを水平にあてます。

18
後ろで交差させる
伊達締めを後ろに回して交差させます。このとき左側の位置を高い位置にすると、次の動きがスムーズになります。

19
伊達締めを折りさげる
上になっている伊達締めを折りさげます。

20
前に回して2回からげる
前に回した伊達締めを2回からげ、軽く引き締めます。

21
左右に振り分け挟み込む
からげた伊達締めを左右に振り分けます。右端は上から、左端は下から伊達締めに挟み込みます。

3章 ― 日常を華やかにする着物

22
状態を確認する

浴衣の着付けは完成です。衿元がゆるんでいないか、鎖骨が見えていないか、おはしょりが整っているかなどを確認します。

23
テ先を取る

帯の端を帯幅の半分に折り、テ先を45cm（手のひら〜肘ぐらいの長さ）ほど取ります。

24
帯を肩にのせる

テ先の輪が外側にくるようにして、右肩にのせてクリップで留めます。伊達締めの中心で帯を広げ、帯の下側を持って巻き始めます。

25
2周巻いて折りあげる

帯を2周巻きます。巻き終えたら、帯幅を半分にするように下から斜めに折りあげます。

26
前側で帯を交差させる

クリップを外してテを前に垂らします。長いほう（タレ）を上にして、前側で交差させます。

27
輪をつくり、帯を結ぶ

長いほうを下から上にくぐらせるように輪をつくり、ひと結びします。長いほうは抜ききらず、肩に届くぐらいの長さで結ぶのがポイントです。

女性の浴衣の着付け

28 上側を折り、テ先を入れる
上側の帯を内向きに折り、テ先を入れ込みます。左右同じ長さになるように整えながら、しっかり締めていきます。

29 帯を開いて回し入れる
下に垂らしたタレを結び目近くで開きます。タレ先を結び目と1周目の帯の間に上から入れ込み、下に引き出します。

30 伊達締めと帯の間に挟む
帯を再び上から入れ込み伊達締めと帯の間に帯を挟みます。

31 帯を右回りに回す
右手で上から結び目を、左手で帯の下をしっかりつかみます。衿元が乱れないように、衿が流れる方向（右回り）に帯を回します。

32 帯板を入れ込む
帯を背中心まで回したら、前側に帯板を入れ込みます。帯と帯の間に斜めに差し込み、水平に倒していきます。

帯が長い場合は下にタレを出してもよい

33 状態を確認する
半幅帯の帯結びも完成です。長い帯の場合は、手順30の際に浴衣と帯の間からタレを出してもよいでしょう。

3章｜日常を華やかにする着物

男性の浴衣の着付け

男性の浴衣の着付けは女性と比べると非常にシンプルです。しかし、シンプルだからこそ、ひとつひとつの工程をきちんと行うことが大切です。着付けをしっかりと覚えて、粋にさらりと着こなせるようにしましょう。

浴衣の着方から兵児帯の巻き込みまで

1 浴衣を羽織る
浴衣を羽織って、袖を通します。左右の袖口を軽く引っ張って背中心を合わせます。

2 共衿の長さを合わせる
左右の衿を持ち、軽く引いて共衿の長さを合わせる。

3 浴衣を腰に付ける
衿を持った状態から両手を下にすべらせて、浴衣を前に伸ばします。浴衣が腰に軽く付くようにします。

男性の浴衣の着付けのポイント
男性の浴衣は女性と異なり、衣紋を抜きません。上半身がゆるみ過ぎないように、体に沿うように着付けましょう。また、男性の場合はある程度体にボリュームがあるほうが、収まりよく着られます。必要に応じて、手ぬぐいやタオルで腰回りを補正しましょう。

4 下前を合わせる

上前を開きます。下前を軽く引きあげながら、左の腰骨あたりまで深く入れ込みます。

5 上前を合わせる

下前がずれないように気を付けながら、上前を右の腰骨あたりまで持っていき、重ね合わせます。

6 腰回りを整える

上前を右手で押さえたまま、左手で脇腹の下あたりを軽く引きおろします。これにより、腰回りのシワやたるみを整えます。

後ろはやや高めに、前は下がりぎみに交差させるのがポイントです。

7 腰ひもをあてる

上前を押さえたまま右手で腰ひもの中心を取り、左手で引き、まっすぐ水平になるようにして、後ろに回し交差させます。

8 ひと結びする

腰ひもを前側に回し、体の中心を避けてひと結びします。

9 左右のひもをねじる

もうひと結びします。左右のひもを180度ねじることで、腰ひもをゆるみにくくします。

3章 ― 日常を華やかにする着物

10 余ったひもを処理する
余ったひもの端を、腰に巻いたひもに挟み込みます。

11 左右のシワを脇に寄せる
浴衣と腰ひもの間に両手の親指を入れ、中央から両端にかけてしごいて、シワを脇に寄せます。

12 状態を確認する
浴衣はこれで完成です。衣紋が抜けていないか、衿元が乱れていないかなど、鏡で着付けの状態を確認しましょう。

13 テをつくる
帯をしごくようにして持ち、帯幅を半分にして20cmくらいの長さのテをつくります。

14 テ先を腰ひもに挟む
親指を使って、テ先を腰ひもに挟み込みます。

15 胴に巻く
帯幅を好みの太さに広げつつ軽く引っ張りながら、帯の先が短くなるまで胴に巻いていきます。帯を1周するごとに軽く引き締めましょう。

男性の浴衣の着付け

16 帯幅を整える
巻き終わりの帯端の幅を細く整えます。

17 端を帯に挟み込む
細くした帯端を、胴に巻いた帯に上から挟み込みます。

18 帯端を押し込む
両手の親指を使って、挟み込んだ帯をぐっと押し込みます。

19 シワを脇に寄せる
浴衣と帯の間に両手の親指を入れ、中央から両端にかけてしごいて、シワを脇に寄せます。

20 帯を腰骨の位置にさげる
帯をしっかりとつかみ、腰骨の位置までさげます。帯は前さがり後ろあがりにすると、かっこよく決まります。

21 状態を確認する
兵児帯の巻き込みの完成です。帯の位置が高くなっていないか、浴衣の背中心がずれていないかを鏡で確認しましょう。

子どもの浴衣の着付け

子どもの浴衣の着付けの手順は、基本的に男女ともに一緒です。
シンプルで、そこまで難しくありませんので、
手順やポイントをきちんと覚えて着せてあげられるようにしましょう。

着付けの手順

子どもの浴衣の着付けの手順はシンプルで、それほど難しくありません。たとえば子どもは男女問わず、対丈で着るのが基本です。女の子の場合は、おはしょりをつくったり、衣紋を抜いたりする必要はありません。また多くの場合、浴衣に付けひもがありますので、それを結ぶだけで簡単に着せられます。まず、**1**肌着の上から浴衣を羽織らせます。**2**大人と同じように背中心を合わせて、下前、上前の順に重ね合わせます。**3**のど元が隠れるぐらいの位置で、衿を合わせて整えます。その後、**4**右の付けひもを左の身八つ口に通したら、そのまま左右のひもを後ろで交差させて、前で結びましょう。**5**背中のシワをきちんと指で脇に寄せれば完成です。

次に帯結びですが、男女ともに蝶結びが定番です。最初に、**6**帯幅を半分にして中心を決め、胴に2～3周巻きます。その後、**7**背中で蝶結びをしましょう。**8**余った帯先を浴衣と結び目の下から通して、ふんわりと上に被せたら、帯結びも完成です。手順をきちんと覚えて、夏ならではの装いを楽しみましょう。

多くの場合、浴衣に付けひもが付いています。身八つ口に通して、きゅっと結びましょう。

着付けのポイント

苦しくないか確認を

ひもをきちんと締めることは大切ですが、強く締め過ぎると、苦しくなる場合があります。子どもへの確認や声掛けをしながら結びましょう。

好みで調整を

帯先は結び目を隠すように、ふんわりと被せるとかわいいです。ひだを広げると華やかになりますし、すっきりとさせるとお姉さんらしい雰囲気に。男の子は胴に多めに巻き付けておくと、蝶の形がほどよくなります。

女性の長襦袢の着付け

美しい着姿をつくるためには、長襦袢を正しく着ることが重要です。着物の種類に関係なく、着付けの方法は一緒です。たるみやシワをできるだけ少なくし、美しい着姿のための土台をつくりましょう。

日常着

1
背中心を合わせる
片手で長襦袢の左右の衿（えり）をそろえて持ち、もう片方の手で背縫いを持ちます。衣紋を抜き、背中心を合わせます。

下前 ……
上前

2
下前を入れ込む
胸を包み込むように、しっかりと下前を左脇に入れ込みます。

3
両衿を整える
下前と同様に上前を合わせます。右手で上前の衿を、身八つ口のなかから左手の親指で下前の衿を押さえ、両衿を整えます。

女性の長襦袢の着付けのポイント
日常着の場合、衣紋の抜き具合は「こぶし1つ分」を目安にするとよいでしょう。衿合わせは、のどのくぼみが隠れる程度に合わせるのがポイントです。

4
胸ひもをあてる
右手で上前を押さえたまま胸ひもの中央あたりを取ります。左手を水平に引いて、アンダーバストに胸ひもをあてます。

5
胸ひもを結ぶ
腰ひもと同じ方法(P111~112参照)で、胸ひもを結びます。

6
シワを処理する
長襦袢と胸ひもの間に指を入れ、シワを中央から両脇に寄せます。さらに脇の下でタックを入れるようにすると、すっきり収まります。

7
伊達締めを結ぶ
衿の開きや衣紋のつまりなどがあれば修正し、胸ひもの上に伊達締めを結びます(P113参照)。これで長襦袢の着付けは完成です。

> **礼装の場合**
> 黒留袖や色留袖、訪問着など、華やかな場で着る着物の場合は、衣紋をいつもより多めに抜くと、改まった雰囲気が出て優雅になります。着付けているうちに衣紋がつまってくるので、気持ち多めに抜いておくとよいでしょう。

3章 — 日常を華やかにする着物

男性の長襦袢の着付け

長襦袢は着物を汗や汚れから守るとともに、着姿の土台となる役割を持ちます。
正しい着付けを覚えて、粋な着姿を演出できるようにしましょう。
男性は女性と違って、衣紋を抜かないことに注意です。

日常でも正装でも

1　長襦袢を羽織る

長襦袢を羽織って、袖を通します。左右の袖口を軽く引っ張って背中心を合わせます。

2　半衿の長さをそろえる

左右の半衿の下あたりを持って軽く引いて、半衿の長さをそろえます。

3　長襦袢を腰に付ける

衿を持った状態から両手を下にすべらせて、長襦袢を前に伸ばします。長襦袢が腰に軽く付くようにします。

男性の長襦袢の着付けのポイント

男性の場合、衿元がはだけるのを防ぐために、衿留めというフック状の金具を使います。これがあると、着慣れていない男性でも衿回りが乱れることなく、きれいに着ることができます。2工程(P.125手順7、8)で差すことができ、着崩れを減らすことができるため、忘れずに用意をしておきましょう。

4 下前を合わせる

背中心をずらさないように上前を開きます。下前を軽く引きあげながら、左の腰骨あたりまで深く入れ込みます。

5 上前を合わせる

下前がずれないように気を付けながら、上前を右の腰骨あたりまで持っていき、重ね合わせます。

6 腰ひもを結ぶ

腰ひもを結びます(P117〜118参照)。長襦袢と腰ひもの間に両手の親指を入れて、中央から両端にかけてしごき、シワを脇に寄せます。

7 下前の半衿に衿留めを差す

衿留めを下前の半衿に差します。上前と下前が交差するポイントより、1cm低い位置が目安です。

8 上前の半衿に差す

上前と下前の衿を合わせるように、上前の半衿の内側に衿留めのもう片方の先端を差します。

9 状態を確認する

長襦袢の着付けは完成です。腰回りにシワがないか、背中心はまっすぐになっているかなどを鏡で確認しましょう。

着付け

女性の着物の着付け

美しく着付けられるように、きちんとした手順を覚えましょう。
着物は生地の面積が広いため、自分がどの部分を押さえているのか、
持っているのかを把握することが着付けのコツです。

着物の着付けから九寸名古屋帯の一重太鼓結びまで

1 着物を羽織る

着物を羽織り、両袖に長襦袢の袖を収めます。

2 背中心を合わせる

片手で左右の衿を持ち、もう片方の手で背縫いを持って、背中心を合わせます。

3 着丈を決める

着物を一度持ちあげてから、おろして着丈を決めます。このとき、背中心がずれないように長襦袢と着物の衿をクリップで留めておきましょう。

女性の着物の着付けのポイント

美しく着物を着るためには、おはしょりを長くし過ぎないこと、衿元が浮かないようにすることが重要です。また、着慣れてきたら、スムーズな着付けを目指してみましょう。正しい着姿のイメージがあると、ひとつひとつの工程の確認が的確になり、着付けの時間を短縮できます。

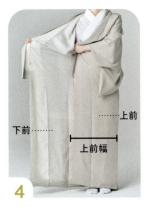  

4 上前幅を決める

下前を開きます。上前の衿先が、右の腰骨あたりにくるように合わせて、上前幅を決めます。

5 下前を入れ込む

上前を開き、つま先をあげながら下前を左脇に入れ込みます。裾すぼまりにするために、つま先を床から15cmほど引きあげます。

6 上前を合わせる

上前を合わせます。上前のつま先は床から5cmほど引きあげるとよいでしょう。

7 腰ひもをあてる

右手で上前の衿先を押さえたまま、腰ひもをまっすぐ水平になるようにあてます。腰骨より少し高い位置にあてるとよいでしょう。

8 腰ひもを結ぶ

腰ひもを結び（P111〜112参照）、着物と腰ひもの間に両端を押し込みます。このとき、ひも下にシワがあれば、両手の親指で両脇に寄せます。

9 後ろのおはしょりを整える

身八つ口から両手を入れて、両手の指先でシワを伸ばし、後ろのおはしょりを整えます。

3章　日常を華やかにする着物

着付け

10
前のおはしょりを整える
衿を左右に重ね合わせ、おはしょりを下に落として整えます。

11
衿幅を決める
左右の掛け衿を持ち、幅が同じになるように整えます。

12
下前の半衿を整える
下前の半衿の出具合を整えます。耳の下ぐらいから、半衿が見え始めるような形にすると、きれいでよいでしょう。

13
下前を三角形に整える
下前のおはしょりを体側へ斜めに折りあげて整え、三角形をつくっておきます。こうすることにより、おはしょりのもたつきを解消できます。

14
上前の半衿を整える
下前と同様に、耳の下ぐらいから半衿が出るように整えます。一番見える部分が、1.5～2cm程度の幅になるのが目安です。

15
胸ひもをあてる
アンダーバストに、まっすぐ水平になるように胸ひもをあてます。

女性の着物の着付け

16 胸ひもを結ぶ

腰ひもと同じ方法で、胸ひもを結びます（P111〜112参照）。

17 背中のシワを脇に寄せる

着物と胸ひもの間に人差し指を入れ、背中のシワを中央から両脇に寄せます。

18 シワを両脇に隠す

タックを取るように、後身頃のシワを前身頃の下に入れ込みます。

19 伊達締めをあてる

衿が開いていないか、衣紋がつまっていないかを確認して、胸ひもの上に、伊達締めを水平にあてます。

20 伊達締めを結ぶ

伊達締めを結びます（P113参照）。ここでは伊達締めの両端を、上から下に挟み込んでいます。

21 状態を確認する

着物の着付けはこれで完成です。衿や胸元にたるみ・シワがないか、裾すぼまりになっているかなどを確認しましょう。

3章　日常を華やかにする着物

129

22 帯のテを肩にかける

帯のテを左肩にかけます。帯と伊達締めをクリップで留めておきます。

23 帯を1周巻く

左手でテを押さえたまま、右手でタレの下側を持ち、引き締めるように帯を胴に1周巻きます。

24 押さえながらさらに巻く

帯が右脇にきたら左手の人差し指で巻き始めを引きおろし、帯を締めて2周目を巻いていきます。

25 帯板を入れる

前側に帯板を入れ、さらに帯を巻きます（ベルト付きの帯板の場合は、帯を巻く前に伊達締めの上からに巻いておく）。

26 押さえながら2周目を巻く

2周目を巻き、帯が右脇にきたら1周目と同様に、しっかりと引き締めて巻きます。

27 クリップで留める

前側に留めていたクリップを外し、後ろ側で帯を重ねて、1～2周目までをまとめて留めます。

女性の着物の着付け

28 テを肩から外す
肩にかけていたテを左手で持ち、肩から外します。

29 テを後ろに流す
外したテを、後ろに流します。

30 テの位置を整える
テが背中心にくるように位置を整えます。

31 タレを折りあげる
タレにテを被せるように折りあげます。

32 仮ひもを締める
折りあげたタレを押さえるように、仮ひもを帯の上辺の上に通して締めます。

33 仮ひもを結ぶ
前側で仮ひもを結びます。仮ひもなので、どのような結び方をしても構いません。写真では蝶結びをしています。

着付け

34
テ先をあずける
テ先を仮ひもに挟んであずけておきます。

35
タレを広げる
仮ひもの近くから左右に引っ張り、タレをシワがないように広げます。

36
帯枕をあてる
両手を使い、後ろ側の帯の内側に帯枕をあてます。

37
手刀を入れる
帯山をすっきりと持ちあげるために胴に巻いた帯と帯山の間に手刀を入れます。

38
帯枕を上辺にのせる
帯枕が帯の上辺にくるようにのせます。

39
帯枕のひもを前に回す
帯枕のひもを前に回します。帯枕がしっかりと帯の中で密着するように、ひもを引くことが重要です。

女性の着物の着付け

40
帯枕のひもを結ぶ
前に引いた帯枕のひもがゆるまないように気を付けながら蝶結びします。

41
結んだひもを帯に入れる
蝶結びした帯枕のひもを、帯のなかに入れ込みます。ひもを帯幅の3分の1ぐらいの位置まで深く入れ込むことで、お腹を締め付けず食事をしても楽になります。

42
タレの内側を整える
タレの内側を整えます。斜め内向きに軽く入れ込むようにすると、きれいに整えられます。

43
帯揚げを帯枕に被せる
帯揚げを帯枕に被せ、帯と帯枕の間に入れ込みます。下側も同じようにして入れ込み、帯枕をくるみます。

44
帯揚げをひと結びする
帯揚げを前に回し、軽くひと結びして、帯に挟んでおきます。

45
タレを両手でつまむ
両手をおろした位置あたりで、タレを両手でつまみます。手順46でタレをたくしあげる際に、お太鼓が適切な大きさになる位置をつまめるとベストです。

3章｜日常を華やかにする着物

着付け

46
帯をたくしあげる
両手でつまんだタレを、内側に丁寧にたくしあげます。

47
帯の形を整える
たくしあげた帯の形がきれいになるように整えます。特に、タレ先は人差し指1本分の長さになるようにしましょう。

48
右手をお太鼓に入れる
前にあずけたテを外し、お太鼓のなかに右手を入れ、左手から右手に渡すようにしてテ先をつかみます。

49
お太鼓にテを通す
右手でつかんだテを、お太鼓のなかにゆっくりと通していきます。

50
テ先をお太鼓から出す
左側から引き込んだテ先を、右側で2〜3cm程度出します。

51
テを入れ込む
左側の余ったテを、お太鼓と胴に巻いた帯の間に入れ込みます。

女性の着物の着付け

52 帯締めをお太鼓に通す
お太鼓のなかに帯締めを通して、前に回します。片手で帯締めを持ち、もう片方の手で、仮ひもを帯に軽く差し込みます。

53 帯締めの長さを合わせる
片手は帯のそばを持ち、もう片方の手を前中心にスライドさせて、左右の長さを合わせます。

54 帯締めを交差させる
帯締めを中央で交差させます。その際に左側のひもが上にくるようにします。

55 下から上にからげる
右手に持っているひもを、下から上にからげ、しっかり結びます。

56 輪をつくって左に流す
右手で結び目を押さえるようにして、輪をつくります。

57 輪にひもをくぐらせる
結び目を左手で押さえながら、左側のひもを下から上に持っていき、輪のなかにひもをくぐらせます。

3章 ― 日常を華やかにする着物

58 帯締めを締める
帯締めがゆるまないように押さえながら、両脇に引っ張りしっかりと締めます。

59 帯締めを挟み込む
引っ張った帯締めの端を親指でぐっと押し、帯締めと帯の間に挟み込みます。帯締めを締めてから、仮ひもを外します。

60 帯揚げを交差させる
帯に挟んだ帯揚げを出してきれいに整え、前側で交差させます。

61 帯揚げをさらに結ぶ
帯揚げを垂直に立て、くるむようにもう一度ひと結びします。

62 帯揚げを入れ込む
帯揚げの左右の余った部分を畳んで、帯の内側に入れ込みます。帯揚げが少し見えるぐらいの位置になるよう調整します。

63 状態を確認する
九寸名古屋帯の帯結びもこれで完成です。帯締めにゆるみはないか、お太鼓の形は整っているかなど、着付けの状態を鏡で確認しましょう。

女性の着物の着付け

着付けの心得

　美しい着姿になるためには、正しい手順で、落ち着いて丁寧に着付けを行うことが大切です。着付けの際に慌てないためにも、事前準備をきちんとしておきましょう。まず、着物や小物の点検は欠かせません。前日に着物ハンガーに掛けておくと、ある程度は畳みジワも気にならなくなります。コーディネートは前日までに決めておくと、当日に焦らないで済むでしょう。当日は、時間に余裕を持って着付けを始めます。しかしその前に、気温が高くなるときには、汗をかかないように部屋を涼しくしておくこと。加えて手を洗い、着物を傷つける可能性がある爪は、なるべく短かめに整えておきます。最後に、着付けに使うアイテムや道具を手の届く場所に置いたなら、準備万端です。丁寧に着付けをして、自身の着姿を楽しんでください。

銀座結び

カジュアルな場におすすめの、おしゃれで粋な結び方のひとつが「銀座結び」です。両側から出る長めの角がアクセントで、ややふくらみがあるのが特徴です。帯枕を使わずに、お太鼓の下を膨らませるように形づくります。着慣れた雰囲気を演出してくれる結び方です。

男性の着物の着付け

男性の着付けは女性と違い、おはしょりをつくる必要がなく、衣紋も抜かず後ろ衿を首に付けるため、シンプルに着られることが特徴です。手順を覚えて、粋な着姿を目指しましょう。

着物の着付けから角帯の貝ノ口結びまで

1
着物を羽織る
着物を羽織り、左右の袖に腕を通します。片手で着物の衿を、もう片方の手で長襦袢の袂を握るとうまく入ります。

2
背中心を合わせる
長襦袢の袂をしっかり落とし込んだら左右の袖口を軽く引っ張って背中心を合わせます。

3
共衿の長さを合わせる
左右の共衿を持ち、軽く引いて両衿の長さを合わせます。

男性の着物の着付けのポイント

男性の着物は対丈で、おはしょりがなく着丈と同じ長さになります。そのため、まずは自分に合った着物を用意することが、着付けの重要なポイントです。着付けの手順は長襦袢とほとんど同じなので、まとめて覚えておきましょう。

4 着物を腰に付ける

共衿を持った状態から両手を下にすべらせて、着物を前に伸ばします。着物が腰に軽く付くようにします。

5 下前を合わせる

背中心をずらさないように上前を開きます。下前を軽く引きあげながら、左の腰骨あたりまで深く入れ込みます。

6 上前を合わせる

下前がずれないように右手で押さえたまま、上前を右の腰骨あたりに持っていき、重ね合わせます。

くるぶしより下にくるように

7 腰回りを整える

上前を右手で押さえたまま、左手で腰骨あたりの脇縫い線を軽く引きおろします。これにより、腰回りのシワやたるみを整えます。

8 腰ひもを結ぶ

体の中心は避け、前さがり、後ろあがりになるように意識して腰ひもを結びます（P117～118参照）。

9 状態を確認する

着物はこれで完成です。鏡で着付けの状態を確認しましょう。背中には、適度にゆるみがあったほうが動きやすくてよいでしょう。

3章｜日常を華やかにする着物

着付け

10 帯を折りテをつくる

帯の端から40cm程度を、輪が下になるように帯幅を半分に折り、テをつくります。一握り分のテ先を右脇から出し、腰ひもを隠すように胴にあてます。

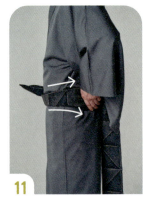

11 帯を広げながら巻く

左脇あたりから帯幅を少しずつ広げながら、帯を胴に巻いていきます。帯が前さがり、後ろあがりになるように意識します。

12 帯を巻く

テ先が上に出るようにして1周巻きます。タレ、テ先の長さを変えないように、タレを引っ張って帯を締めます。帯を締めるときは必ず帯の下を持ちます。

13 さらに2周巻く

1周目と同じ方法で2周目、3周目と巻き、1周ごとにテとタレを引っ張り合うようにして、帯をしっかり締めます。

14 タレを内側に折り返す

タレを内側に折っていきます。位置は、左脇縫い線から4〜5cm後ろが目安です。ただし、帯の太さや厚みにより加減します。

15 タレを内側に折り込む

帯がゆるまないように押さえながら、タレを端まで、内側に折り込んでいきます。

男性の着物の着付け

16
テを体の中心まで引き抜く

テを体の中心あたりまで、上方向に引き抜きます。

17
テとタレを交差させる

体の中心あたりでタレが上に、テが下にくるように、タレとテを交差させます。

18
タレをくぐらせて上に引く

タレを下からくぐらせて、そのまま上に引き抜きます。

19
ひと結びする

テとタレを斜めに引っ張り合い、ひと結びします。

20
テとタレを立てる

テとタレを垂直に立てます。これにより、帯がゆるみにくくなります。

21
テを斜めに折りあげる

結び目の斜めの線に沿って、テを左上に折りあげます。タレをテの上に被せるように折ります。

3章　日常を華やかにする着物

22
タレを軽く結ぶ
タレをテの下からくぐらせて、軽くひと結びします。

23
帯を右回りに回す
右手で結び目を、左手で後ろ側の帯をしっかりつかみます。衿元が乱れないように、衿が流れる方向(右回り)に帯を回します。

24
股割りをする
両足を肩幅に開き、腰を落とします。歩くときの足さばきをよくするためです。

25
帯を左右にしごく
帯の上側に指を入れて、中央から両脇にシワを寄せます。下側も同じようにして、シワを脇に寄せます。

26
帯の位置を整える
帯をしっかりとつかみ、腰骨のあたりにくるように押しさげます。前側がさがり、後ろ側があがるように整えると、着姿がかっこよく決まります。

27
状態を確認する
角帯(かくおび)の帯結びもこれで完成です。形が整っているかを確認しましょう。結び目を背中心より左側にすると、粋な印象を与えます。

着付けの心得

　男性の着付けの手順はシンプルです。しかし、シンプルだからこそ、粋(いき)な雰囲気を演出するには、着慣れることが重要になります。たとえば、貝ノ口を結ぶとき、テとタレを交差させるところがあります(P141手順17)が、その際には、テとタレの先が同じ長さになっているかを確認しましょう。結びあがりのバランスがよくなるかどうかが決まる、大事なチェックポイントです。また、タレを結ぶ(P142手順22)際は、テとタレの長さの比率が2:1になるように形を整えると粋に見えます。着付けの手順を覚えるとともに、粋に見えるテクニックやポイントを知っておくと、着姿もぐんとかっこよくなるはずです。そうなるためにも、何度も自分で着てみて、コツをつかんでいきましょう。

片ばさみ

最もシンプルな結び方が「片ばさみ」です。浴衣(ゆかた)や紬(つむぎ)、お召(めし)など、幅広い着物と合わせられます。結び目がかさ張らないので、車を運転するときや椅子に座るときも楽です。長時間締めていてもゆるみにくいので着崩れが少なく、着慣れた印象も与えられます。

子どもの着物の着付け

子どもの着物の着付けの手順は、大人とほとんど同じです。
着せてあげる分、自分で着付けするのとは感覚は異なりますが、
子どもと協力して挑戦してみてください。

着付けの手順

　子どもの着物の着付けは、大人と同じような手順で行います。あらかじめ身長と手の長さに合わせて腰と肩部分を縫いあげておくとスムーズに着付けができるので、前日までに準備しておきましょう。着付けの手順としてはまず、**1** 足袋と肌着を着せます。次に **2** 長襦袢を着せて、大人と同じように背中心を合わせます。男女ともに衣紋は抜きません。**3** 衿を深めに合わせて整えたら、**4** 腰ひもを結びましょう。**5** 着物に片方ずつ、袖を通してもらいます。背中心を合わせるのと、袖元をきれいに整えるのを忘れずに。**6** 下前と上前を重ねて、半衿をほどよく出し、衿を深く合わせます。**7** 腰ひも、もしくは付けひもを結んで、シワを整えたら、着物の着付けは完成です。
　帯結びは、子どもに帯を押さえてもらうなど、協力してもらうことできれいに結べるでしょう。ただ、きちんと結ぶと苦しさを感じてしまう子どももいるので、あらかじめ巻く部分と結び部分に分かれた作り帯を使うのもひとつの手です。

片方ずつ、ゆっくりと袖を通しましょう。長襦袢の袖を子どもに持ってもらうと、袖を通しやすいです。

着付けのポイント

ひも選びも大切
子どもに苦しくないかを確認しながら、ひもをきゅっと結びましょう。腰ひもは子ども用の短いものを選ぶと結びやすいですし、苦しくさせません。付けひもがある場合は、身八つ口に通して結びましょう。

衿は深めに
左右に引っ張って、衿を深めに合わせましょう。

帯結びはさまざま
7歳の祝着では、子どもでも大人と同様にさまざまな種類の帯結びができます。イラストは文庫結びです。男の子の5歳の祝着には一文字などで結ぶとよいでしょう。

着付けのOK例・NG例

正しい着姿を覚えていると、自信を持って着られますし、着崩れても途中で気が付いて直すことができます。そのためにも、OK例とNG例を覚えておきましょう。

女性

衿元（えりもと）
乱れや浮きがない

半衿（はんえり）
幅が左右対称になっている

胸元
たるみやシワがない

帯締め
しっかりと締まっている

衣紋
こぶし1つ分が抜いてある

おはしょり
5〜6cmの幅で出ていて、きれいに整っている

背中
たるみやシワがない

タレ先
人差し指1本分出ている

裾
床から1cmぐらいの丈で裾すぼまりになっている

半衿
左右非対称になっている

帯揚げ
乱れ、飛び出し過ぎている

帯締め
ゆるんでいる

胸元
たるみやシワがある

裾
広がっている

衣紋
抜き過ぎて半衿が見えている

たれ先
出過ぎていて斜めに傾いている

裾
丈が短過ぎる

OK例とNG例は、きれいな着付けをするための指標となります。手順を覚えたり、丁寧に着付けをしたり、あるいは練習を重ねたりすることはもちろん大切です。しかし、どうなっていると正しく着られているのか、どの部分に気を配らなければいけないのかを知らないことには、正しようがありません。

　男女ともに乱れやすいのは衿元や半衿の出具合、帯、裾回りです。乱れている部分があると、だらしなく見えますから、対処できるように覚えておきましょう。

男性

半衿 幅が左右対称になっている
衿元 乱れがなく深めに締まっている
帯 前さがりになっている
衿 首にぴったりと沿っている
帯 後ろあがりになっている
裾 くるぶしの下にきている

半衿 左右非対称になっている
衿元 乱れていて、はだけている
腰ひも 帯の下から見えている
衿 首から離れている
帯 位置が高く、さらに前さがり、後ろあがりになっていない
裾 広がっている

着崩れに対処する

着崩れを防止するためには、こまめなチェックが大切です。
階段の上り下りや立ち座りの後など、崩れていないかチェックする習慣を
身に付ければ、大きな着崩れを防げます。

女性の着崩れ対処法

衣紋がつまったとき
着物の裾をめくり、帯の下の長襦袢の背中側を両手で下に引っ張り、長襦袢の衣紋を抜きます。さらに、着物も襦袢に添わせるように、背中のおはしょりを引きます。

帯がゆるんだとき
帯のずれを直し、帯締めを結び直します。このとき、ひと結びした帯締めを一度前に引っ張り、しっかり背に付けてから結びます。

裾が落ちたとき
おはしょりを持ちあげて、腰ひもの上にある着物をつまみ、少しずつ上に引っ張っていきます。引きあげたらおはしょりを戻して、両手の指先でシワやたるみを取ります。

着崩れ予防策
お手洗いに行ったときなどに衿や裾、おはしょりを見直します。着崩れしやすい人は、姿勢や動き方に気を付けましょう。長襦袢の着付けに問題があることもあります。きちんと長襦袢を着るように心がけましょう。
▶女性の長襦袢の着付け…P122

着物は、体に巻いたひもや帯で布を留める装いなので、ある程度の着崩れは仕方ありません。気にし過ぎず、ポイントを押さえてこまめに直すことで、大きな着崩れを防ぎましょう。

たとえば階段の上り下り、立ち座りの後は、おはしょりや裾が乱れていないかを見直します。手を大きく動かした後は、衿や脇などがゆるみがちなので要注意。

行く先で鏡を見つけたら、全体を写して確認することも大切です。隅々まで直す時間がないときは、衿元を正すだけでも全体がしゃきっとします。

男性は、帯が前さがりになっているのが基本なので、あがってきた帯をさげると、整って見えます。

男性の着崩れ対処法

衿元が乱れたとき
姿勢を正しくして立ち、帯を手で押さえたら、左手で下前の衿先を左横やや下に引っ張ります。次に右手で、上前の衿先を右横やや下に引っ張ります。その後、帯の内側に親指を差し込んで帯を腰までさげます。

帯があがってきたとき
両手の親指を帯と着物の間に入れて、しっかりつかみ、ぐっと引きさげます。帯がさがったら、帯の上側から親指を入れて中央から両脇へと動かし、シワを脇に寄せます。帯の下側からも指を入れて同様にします。

裾が広がったとき
裾が広がってくると、だらしない印象を与えてしまいます。着物の裾をまくって手を入れ、長襦袢、着物の順番で、下前、上前をゆっくり引きさげてから横に引き、整えていきます。

着崩れ予防策
着付けが終わったら、両足を広げて腰を落とす「股割り」をしましょう。歩きやすくなり、着崩れ防止にもなります。痩せている人は懐に手ぬぐいを畳んで入れ、帯の上部に挟み込むようにすると帯があがりにくくなります。

▶男性の着物の着付け…P138

所作 美しく見られるための所作

所作を磨く理由がある

長く着物を着続けるため
乱雑に振る舞うことで破れたり、縫い目に負荷をかけたりすると、着物寿命はおのずと短くなります。長く着るためには、着物を傷めない所作が大事です。

美しく見られるため
着物は縦のラインが強調された衣装なので、背すじをピンと伸ばし、首をすっと天に向かって伸ばして立つときれいに見え、好印象を持たれます。

着崩れを防ぐため
着物を着て大股で歩いたり、無理にかがんだりと、激しく動くことで着崩れを起こします。そうならないために、所作を正す必要があります。

粗相をしないため
慌てて動いて裾(すそ)を踏み転んでしまったり、袂(たもと)があたって物を倒したりしないように、正しい所作を身に付けることが大切です。

背すじをピンと伸ばして立ちましょう。足を少し前後にずらし、やや内股ぎみにすると疲れず、見た目もきれいです。片足に重心をかけてしまうと、だらしなく見えるだけでなく、着付けが崩れてしまうこともあるのでやめましょう。

着物ならではの所作を身に付けると、着崩れや粗相を防げます。最初はぎこちなくても、慣れてくるとスムーズに動けるようになり、立ち居振る舞いも美しくなるため、一石二鳥です。

袂の扱いに注意する

ものを取るときは袂を押さえる

ものを取るときは、片方の手で袂を持ったり、袖口（そでぐち）を軽く押さえたりして、体ごと迎えにいくようにして手を伸ばします。袂を押さえないと腕がむき出しになり、見た目も美しくありません。特に食事中は、袂に料理がついたり、グラスを倒したりする可能性があるので、要注意です。

常に袂を意識して行動する

袂は洋装にはないパーツなので、無意識に行動していると、ドアノブにひっかけてしまったり、手を洗うとき不用意に濡らしてしまったりと、失敗をしがちです。着物初心者は袂を常に意識して行動することで美しい所作へとつながっていきます。

3章　日常を華やかにする着物

所作

座る・立つ

着物の所作で最初に覚えたいのが「座る・立つ」という基本的な動作です。
正しい姿勢を保ちながらゆっくり、慌てずに行動することで、
裾を踏んだり衿が乱れたりすることを防げます。

基本の所作

座るとき

上前が広がらないように、ひざ下を押さえながらゆっくり座ります。イスの場合は、上前の端を押さえ、そのままゆっくり座面に座ります。このとき、深く座ると帯が崩れるので浅めに腰かけるようにしましょう。

立つとき

正座から立ちあがるときは腰を軽く浮かせ、爪先だけを立てます。片足を半歩前に出してひざをあげ、そのままゆっくり立ちあがります。仮に足がしびれていた場合でも、爪先を立てることで徐々に血流が戻ります。スムーズに歩き出せますから、慌てずに。

着物は基本的には大きな1枚の平面の布を体に沿わせ、ひもや帯で巻いている衣装です。

大きく手足を動かしていればシワになり、着崩れもします。それを最小限に抑えるよう、先人がいろいろと考え、長年培われてきたのが、今につながる着物ならではの立ち居振る舞いです。

座る動作で覚えておきたいのが、なるべく姿勢を正しく保ち、足を大きく開くなどの行動を避けること。たとえば、正座したときに足を崩して斜め座りをすると、裾が乱れて、着崩れの原因になります。

足がしびれたら腰を浮かせて、爪先を立てるなどして対処しましょう。

イスに座ったときも、足を大きく開くと着崩れるので、閉じておくこと。また、特に女性の場合は帯が背もたれにあたって崩れることがあるので、浅めに腰かけることも大事です。

車に乗るときはお尻から

車のドアを開けたら車に背を向けて立ち、上前の端を軽く押さえながら、お尻から静かに座ります。その後、腰を回しながら両足を車の中に入れ、前を向きます。降りるときは、腰を回してドアのほうを向き、まず足から外に出して、片手で上前の端を軽く押さえながら体を車外に出しましょう。

3章 — 日常を華やかにする着物

歩く・階段の上り下り

着物を着ているとき、男性は外股ぎみに、女性は内股(うちまた)ぎみに歩くことをおすすめします。裾が乱れてしまうとみっともないので、裾さばきを体に覚えさせることが大事です。

着崩れせずに動くために

着物を着たときの歩き方

立ち姿と同様に背すじをピンと伸ばしましょう。足は引きずらないようにして、音を立てないようにします。女性は裾がめくれないように歩幅を狭くして、やや内股を心がけます。中央に1本の線があると仮定し、それを挟むような感覚で歩くとよいでしょう。男性は着付け後に股割りをして、裾さばきをよくしてから歩きます。歩くときは爪先に力を入れて、姿勢よく歩くようにします。

▶ **男性の着物の着付け**…P138

階段の上り下り

階段を上り下りする際には、裾がはだける、うっかり踏んでつまずく、階段に触れて裾が汚れるなど、裾回りのトラブルが起こりがちです。片手で上前の端を少し持ちあげて、裾を短くして押さえながら上り下りすると安心です。

昔、日本人の誰もが着物を着ていた時代は、歩くときにあまり手を振らず、同じ側の手と足が同時に出るような歩き方をしていたそうです。この歩き方だと体をひねらないので、着崩れしにくかったのだとか。

　もちろん、現代の私たちにはあまり合わないので、現代ならではの歩き方を身に付けましょう。

　着物を着たときの歩き方は、男女で少し異なります。女性は裾がめくれないように歩幅は狭く取り、やや内股を心がけるのがおすすめです。逆に男性は、やや外股で歩くと見た目がよく、着物を着慣れた人に見えます。爪先に力を入れて、背すじを伸ばして歩くと草履も滑りにくくなります。

　男女ともに腕を大きく振ると、着崩れのもとになるので注意します。

　階段を上り下りする際は、裾がはだけないこと、裾を踏まないことに留意し、上前をつまんでやや持ちあげるとよいでしょう。

鼻緒の調整で歩きやすく

歩いていると足の指や甲が痛くなることがあるかもしれません。その場合は、草履の鼻緒がきつ過ぎるということです。鼻緒を引っ張って柔らかくしておくと歩きやすいです。逆に、鼻緒に指がするりと入るのはゆる過ぎです。どちらも歩行時にトラブルを起こす危険性があるので、履物店で鼻緒の調整をしてもらいましょう。

きちんとお手入れすると長持ちする

お手入れ次第で百年持つ

着物が三世代百年着られるといわれるのは、普遍的な形と流行に左右されにくいデザインがいつの時代でも楽しめるから。そしてなにより、何度でも仕立て直せるからです。ただし、いくら仕立て直せるとはいえ、長年着続けるためには、普段からのきちんとしたお手入れと保管が欠かせません。

また、着物は洋服とは異なり、着るたびに洗濯するわけではないので、こまめなお手入れは美しさを保つ意味でも大切です。

お手入れと保管において、まず覚えておきたいのが、着物や小物によって、それぞれ適切なお手入れの方法があるということ。お手入れのやり方を失敗してしまうと、シミがひどくなったりカビが生えてしまったり、あるいは色落ちしたりして、着物をだめにしてしまうこともあります。

自分でどこまでできるのか、どこからはプロに任せるべきなのか、しっかり確認しておきましょう。

自分でするお手入れ

自宅でできるお手入れとしては、ほこり払いや陰干しがあります。着物・長襦袢・帯を着用した後は、状態の点検も兼ねて、ほこり払いを行い、半日から1日、陰干しします。ほか、木綿や麻、化学繊維などの着物、肌着や下着などは自宅でも洗濯できます。

プロに頼むお手入れ

絹ものは基本、自宅で洗濯はできないので、シーズンの終わりにクリーニングに出します。着物を購入した呉服店や、着物を専門に扱うクリーニング店に任せると安心です。シミがついた場合もプロに相談しましょう。シミ抜きのほか、汚れ具合によって丸洗い、洗い張りなども請け負ってくれます。

正しくお手入れすれば、着物は百年着続けられるといわれています。
お手入れをする意味や方法を把握して、着物を傷めることなく、
より長く着続けられるように心がけましょう。

祖父母が着ていた着物も、お手入れ次第で子どもや孫まで着られます。思い出深い大切な着物は特に念入りにお手入れして、保管状態も定期的に確認しましょう。

3章　日常を華やかにする着物

自分でできるお手入れ

着物を脱いだら、そこからお手入れが始まります。
その日のうちに、ほこりを払い、汚れがついていないかを確認しましょう。
丁寧なお手入れと保管が、着物を美しく保ってくれます。

帰宅後の流れ

着物を脱いですぐにすること

1. 手を洗い、着ているものをすべて脱ぎます。
2. 着物や帯、長襦袢、肌着などに、汚れやシミがついていないかをチェックし、ほこりを払います。
3. 着物をハンガーに掛けて湿気を飛ばし、半日から1日ほど陰干しします。着物を型崩れさせないためには着物専用ハンガーがおすすめ。

翌日にすること

1. 着物は、畳む前に布やブラシなどで、ほこりを払います。
2. 着物のシワが気になる場合はあて布をして、素材に合わせて温度調節をしてアイロンをかけます。
3. 肌着や足袋、半衿、木綿・麻・化学繊維の着物など、自宅で洗えるものは洗濯をします。

着物をしまうときにすること

1. 和紙でできたたとう紙*10に入れ、たんすや衣装ケースにしまいます。
2. 長期間保管する場合は、洗って糊を落とした木綿の風呂敷や布製の衣装包みに入れます。
3. 防虫剤は、入れ過ぎると生地を傷めるので、たんすの場合は引き出しの隅に、衣装ケースの場合は1ケースにつき1つ入れます。

*10 たとう紙…着物や浴衣を保管する際に使用する包み紙のこと。

一度着た着物には、目に見えずともほこりや皮脂汚れが付いています。どんな汚れも早めの対処が肝心です。脱いだ瞬間から、念入りなチェックと対処をしましょう。

　帰宅後はまず、清潔な手で着物に触れるために、手を洗います。次に着物、長襦袢、肌着、足袋までをすべて脱ぎ、汚れを確認しましょう。着物の衿元、袖口、袂などは特に汚れが付きやすいので要注意です。点検が終わったらほこりを払い、ハンガーに掛け、陰干しして湿気を取り除きます。

　自宅で洗うことができる肌着や足袋は着用したらその都度、半衿をはじめ、木綿・麻・化学繊維の長襦袢や着物などは適宜、素材と洗濯表示を確認しながら、適切な方法で洗います。

　着物の陰干しは半日から1日程度がよいでしょう。その後、きちんと畳んだらシミとカビに気を配りながら、たとう紙に包んで保管します。

　また、湿気を飛ばすために、年に1~2回は虫干しをします。その際も汚れやシミがないかを確認して、常に着物がきれいな状態を保つよう心がけましょう。

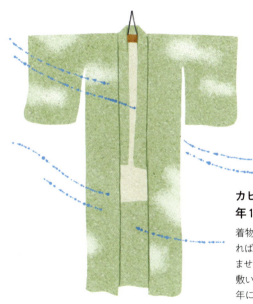

カビ対策に
年1~2回の陰干し（虫干し）

着物の保管には桐だんすが最適ですが、なければプラスチックの衣装ケースでも問題ありません。衣装ケースの場合は、下にすのこを敷いて湿気対策をするとよいでしょう。そして、年に1~2回は着物に風を通して、湿気を飛ばすようにします。7~8月（土用干し）、10~11月（虫干し）、1~2月（寒干し）の、天気がよく、乾燥した日の日中がおすすめです。ハンガーに掛けて干すのが一番ですが、場所がなければ畳んだまま、たとう紙を広げるだけでもOKです。

自分でできるお手入れの手順

洗濯
足袋や肌着、半衿に加え、着物や長襦袢も素材によっては自宅で洗濯ができます。足袋と肌着はネットに入れて洗濯機へ。着物と長襦袢は畳んでからネットに入れて、洗濯機の手洗いコースなどで洗うとよいでしょう。半衿は中性洗剤で、汚れがひどい足袋は固形石鹸を用いて、汚れをブラシでたたいたり、こすったりして手洗いします。

応急処置
液体類をこぼしたときは、ハンカチやタオルなどで、そっと上から押さえて吸い取ります。ただし、油性のシミは水分が厳禁なので、つまみ取るぐらいにして、なるべく早くプロにシミ抜きをしてもらいましょう。また、応急処置でシミや汚れが落ちたように見えたとしても、放っておくと再度シミが浮き出る可能性もあります。そのため、あくまでも一時の処置として行い、プロに任せます。

日常のケア
ほこりや皮脂汚れは、色移りしない白のタオルやガーゼを使って行います。特に汚れやすい半衿や着物の衿回りや袖回りの皮脂汚れなら、ベンジンをたっぷりと白タオルなどに含ませて拭きます。

プロに任せるケア

正絹の着物や長襦袢のお手入れに迷ったら、着物に詳しいクリーニング店や呉服店など、メンテナンスのプロにお願いしましょう。着物の状態によって、次のような洗いの手法があります。

シミ抜き

シミのあるところだけに溶剤などを用いて、シミを抜きます。汚れの種類（化粧品、食べ物など）がわかると、処理がしやすいです。

汗抜き

汗をたくさんかいた部分だけに水を使い、汗の残留成分を取り除きます。汗は放っておくと汗ジミになるので、早めのケアがおすすめです。

丸洗い

全体的に汚れてきた着物をほどかず、水を使用しないで着物用の溶剤で洗います。油性の汚れがよく落ちます。着用頻度にもよりますが、1年に1度を目安に行うとよいでしょう。

洗い張り

汚れがひどくて、シミ抜きや丸洗いでも対処できなかったり、裾がすり切れたりした場合、着物の縫い目をほどき、反物の状態に戻して水洗いします。最も伝統的な洗濯手法です。洗い張りをしたら、再び仕立て直しをすることになるので、その分、費用もかかりますが、きれいに仕上がります。

着物の畳み方

着物や帯、長襦袢の畳み方は、種類によって異なりますので、ここでは広く使える方法を紹介します。着物を美しく保管するためには、正しく畳むことが重要です。折り筋に沿って、きれいに畳みましょう。

本書で紹介する畳み方は、汎用性の高い畳み方です。

着物の畳み方は「本畳み」と呼ばれるもので、すべての着物に対して使えます。

帯は名古屋帯の畳み方を紹介します。

名古屋帯は仕立てによって畳み方が異なるので、注意しましょう。そのほかの帯は基本的に二つ折りを繰り返すシンプルな方法で問題ありません。長襦袢の畳み方は、コートや肌襦袢にも応用できます。

着物

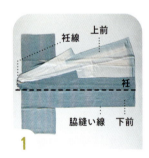

1
着物を広げる
衿を左側にして着物を広げ、下前の脇縫い線を折り畳みます。

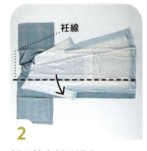

2
衽と衿を折り返す
衽線を基準として、下前の衽と衿を手前に折り返します。

3
衽と衿を合わせる
上前と下前の衽と衿をそれぞれ合わせてから、後ろ衿を内側に折り込みます。

4 衿をすべて折り重ねる

角同士を合わせるようにして衿を折り重ねます。

5 左袖を身頃の上に折る

上前と下前の脇縫い線を重ね、袖を身頃の上に重ねるように折ります。

6 右袖を下に入れ込む

袖が重なるように持ちあげ、右袖を下に折り込みます。

7 丈を半分に折る

裾と肩を合わせるように半分に折り、完成です。ただし、たとう紙のサイズや収納場所の広さによって、三つ折りにしても問題ありません。

着物を畳んだら

着物を畳んだ後は、たとう紙に包むとちりやほこりから着物を守ってくれます。ただし、たんすなどに入れっぱなしにしておくのではなく、定期的に虫干ししましょう。その際、たとう紙も広げて乾かすようにします。ただ、着ることがなによりの虫干しといわれているので、定期的に着るようにするとよいでしょう。

帯

1
帯を広げて整える
タレ先が右側にくるように広げて置き、縫い止まりを三角形に折ります。

2
テ先を折る
テ先をタレの先端に向けて折ります。

3
テを直角に折り返す
テを直角に折り返します。

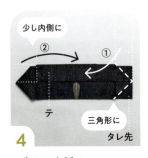

4
テ先とテを折る
折った部分が三角形になるように、テ先を左側に折り返します。その後、テ先を三角形の折り目より、やや右側に折り返します。

5
三角形を内側に折る
三角形を内側に折ります。

6
半分に折り表に返す
左から帯を半分に折ります。柄が折り目にかからず、表に出ます。

着物の畳み方

長襦袢

1 脇縫い線を内側に折る
衿を左側にして長襦袢を広げます。下前の脇縫い線を内側に折ります。

2 上前と下前を重ねる
上前の脇縫い線を内側に折り、そのまま下前に重ねます。

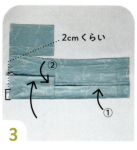

3 脇縫い線を身頃中央に折る
脇縫い線が身頃の中央にくるよう内側に折ります。下前の袖は3分の2程度、外側に折り返します。

4 上前も同様に折る
3と同様に、上前の身頃も中央にくるように折ります。

5 袖を3分の2に折る
袖を3分の2程度に折って重ねます。身頃の折り目より、2cm程度内側にくるようにします。

6 丈を半分に折る
丈を半分に折って完成です。このとき、衿は折らないように注意しましょう。

COLUMN

奇跡に出会った瞬間

　私が着物に携わるようになってから、特に印象に残っている仕事といえば、2022年に銀座もとじで開催した「二大巨匠展」になるでしょう。これは、「染」の森口邦彦先生と、「織」の北村武資先生という、ともに重要無形文化財保持者(人間国宝)に認定されている染織界の二大巨匠による展示会でした。

　森口邦彦先生は22歳で渡仏され、グラフィックデザインを学んでから帰国し、父・森口華弘氏のもとで友禅技法を学び、2007年に重要無形文化財保持者に認定されました。三越のショッピングバッグのデザインを担当された方といえば、思い浮かぶ人も多いでしょう。

　一方、北村武資先生は「羅」と「経錦」という2つの技法の重要無形文化財保持者に認定された方です。「二大巨匠展」では、このおふたりの合作が実現し、北村先生が「経錦」で織りあげた生地に、森口先生が「友禅染」で仕上げた、「雪景」という作品をつくってくださったのです。通常、このクラスの方々は、おひとりで作品をつくるため、合作することはほとんどありません。

　しかし、おふたりは若いころよりお互いを認め合う間柄であり、また、弊社とも長年のお付き合いがあったことから、実現となりました。

　おふたりが切磋琢磨されてきた半世紀の歴史と、あたらしいものを生み出す力、これからの着物文化の希望がつめ込まれた素晴らしい作品を目のあたりにし、あれこそ奇跡の瞬間だったと感慨深く思っています。

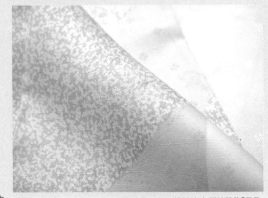

二大巨匠展の作品 経錦地 友禅訪問着「雪景」

4章
着物を
ワードローブの
選択肢の
ひとつにする

4章では、私がおすすめするコーディネートを紹介します。
さまざまなシーンを設定してみました。
おすすめの素材や産地も具体的に考えてみましたので、
着物選びの際に参考にしてみてください。

着こなし シーンに合わせて着物を楽しむ

コーディネートを決める3つの視点

シチュエーション	季節	気分
着ていく場所や会う人を基準に決めると安心です。	季節を表現するのは着物の醍醐味のひとつです。	そのときの気分を色柄や素材で表現することもできます。

着物を楽しむためにはシーンに合わせ、TPOを守ったコーディネート術を覚えることから始めましょう。基本を知った上で自分なりの着こなしを取り入れると、さらに着物ライフが充実します。

着物は、着ていく場所やシチュエーション、会う人のことなどを考えながら選ぶと失敗がありません。

たとえば歌舞伎を観に行くなら、演目に合わせた柄の着物や帯を選ぶと、自分の気分もあがりますし、周囲の人も楽しくなれます。また、洋装の人が多い場所に出掛けるときは、周囲への配慮や自分の立場、気持ち（浮かないようにしたいのか、逆に目立ちたいのかなど）を考えて選ぶとよいでしょう。

よくコーディネートを決める際、「着物と帯のどちらを優先させるとよいですか?」と聞かれます。私はどちらでもよいと思っています。その日の気分に合っていれば、着物でも帯でも、どちらを優先しても大丈夫です。

このとき、着物と帯の色調を合わせるのがコーディネート術の基本です。たとえば、着物で使っている色から一色ひろって帯を決めるとなじみもよいため、しっくりきます。

少し慣れてきたときは、あえて違う色を入れるという、遊び心をきかせてもよいでしょう。

4章｜着物をワードローブの選択肢のひとつにする

着物が草花文様なら、帯は幾何学模様に

着物の柄が大きいなら、帯の柄は小さく

着物×帯のテクニック

柄のある着物と帯を合わせるときは、特徴が反対の柄にすると、おさまりよくまとまります。たとえば、「草花文様には幾何学模様を合わせる」「大きな柄の着物には小さめな柄の帯を合わせる」などです。一方で、テイストは合わせるほうがよく、「古典柄には古典柄」「モダンな柄にはモダンな柄」と統一させると、全体のバランスが取れます。

169

日常着としてのカジュアルな着こなし

日常着には紬(つむぎ)や木綿など、濡れたり汚れたりすることを気にせずに着られる着物がぴったりです。カジュアルな場では、コーディネートの自由度も高いので、帯選びなどに少し遊び心を加えて、自分らしさを表現しましょう。

紬、木綿、ウールで気兼ねなく

紬は普段使いにぴったり

女性の着物は顔映りのよいピンクなど優しい色を選び、大胆で個性的な柄もの帯を合わせると、ぐっと華やかになります。ちょっとしたショッピングや、友人との気兼ねないランチによいでしょう。男性は白大島紬(しろおおしまつむぎ)という、地色を染めずに織りあげた白ベースの紬がおすすめ。経錦(たてにしき)[*1]の角帯(かくおび)と天目染め(てんもくぞめ)[*2]の羽織を合わせると、軽やかなお出掛けスタイルになります。

[*1] 経錦…色と文様を、たて糸で表現した錦。
[*2] 天目染め…一度染めた生地の上に染料が乾かないうちにひき粉(のこぎりで挽いたおがくず)を乗せて、色料を吸い取る技法。

日常着は男女とも、紬や木綿、ウールなどが適します。絹の着物と違い、気負わずにざっくりと着られます。

特に大島紬は濡れても縮みにくく、シワになりにくいという特徴があり、雨の日も気にせず着ることができるため、おすすめです。また、女性であれば、遊び心のある柄が描かれた小紋も、きれい目カジュアルな装いが楽しめるでしょう。

日常着のときは、ちょっと大胆な遊びを入れてもOKです。たとえば、下で紹介した迷彩のような柄を用いた角帯などは、ほかにないおもしろみのあるものです。

もちろん、着物で大胆な柄ものを選んでもよいのですが、全体をまとめるのに少し技が必要になります。その点、帯は、面積は小さいけれど主張があり、初心者も気軽に挑戦できます。

日常の装い

大人かわいい装い

小紋と名古屋帯の組み合わせです。どちらもピンクとグレーでまとまっているので、帯揚げはあえて青色の水玉模様を選択。帯締めも帯揚げと色が引き合う青色でまとめました。

南国の着物と帯で装う

着物は大島紬。ザルの格子柄に十文字が交差した「秋名バラ柄」がシックです。帯は、大島紬と相性のよいびんがた*3 を選択。着物の青と帯の青が響き合っています。

モダン柄で遊ぶ

着物には、草木染めの大島紬を選択。着物はシンプルな絣柄なので、遊び心のある迷彩のような柄の草木染めの角帯を取り入れました。日常着ならではの装いです。

4章　着物をワードローブの選択肢のひとつにする

*3 びんがた…紅型。沖縄の染色技法のひとつ。赤色などを入れた鮮やかな配置を特徴とする。

気軽に街歩きをするときの着こなし

汗や雨、泥汚れなどが気になる外歩き。
そんなときこそ、気軽に着ることのできる木綿の着物がおすすめです。

1枚は欲しいカジュアルの定番、木綿

木綿でほっこり楽しむ

女性は、体に寄り添う着心地と肌触りが特徴の綿薩摩[*4]を選択し、個性的な型絵染の帯を重ねて楽しさを表現。帯に強さがあるので、小物は帯に溶け込むように合わせるのがポイントです。男性の着物は手紡ぎ、草木染め、手織りの技法を守りつつ、ざっくりとした風合いが愛される木綿の丹波布[*5]。帯も木綿の角帯という、ほっこり感がアップするものを選びました。

[*4] 綿薩摩…極細の綿糸で細かい絣柄や縞を織り出した木綿の織り物。
[*5] 丹波布…手紡ぎの木綿と、くず繭糸を使った平織の布で、兵庫県丹波市でつくられる。

日常着のなかでも、街歩きをするときの着物には、多少汚れたり汗をかいたりすることも想定して、ザブザブ洗える木綿をおすすめします。

　綿は着込めば着込むほど体にしっくりとなじんできますから、たんすにしまっておくのはもったいない、気軽に着てほしい1枚です。

　濡れても気にならないので気軽に着用できますし、肌触りがとてもよいので日常着として活躍します。

　男性の場合、「軽く一杯」というとき、羽織や袴は付けず、さらりと着流し（男性が羽織や袴を付けず、着物に帯を締めた着こない）で街に繰り出すのが、なんとも粋です。カジュアルウェアとして重宝するのが木綿の着物です。

着物を着て出掛ける際は、その場にふさわしい着物を選ぶことが重要です。わからないときは、洋服にあてはめてみると理解が深まります。

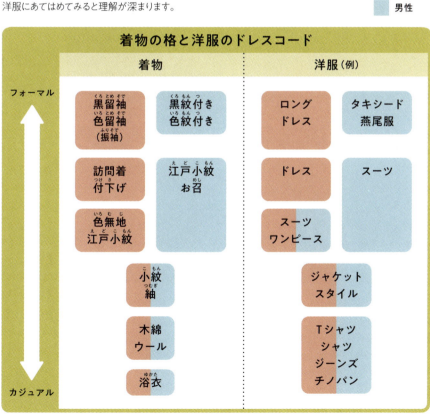

＊上記はあくまで目安です。地域によって、着物の格は変わる場合があります。

デートに行くときの着こなし

着物デートの成功の秘訣は、お互いの着物の格をそろえること。
さらに、帯留めと羽織ひもなど、ちょっとした小物で"おそろいコーデ"を
取り入れると、ふたりの親近感が増すでしょう。

しゃれの利いたデートコーデ

遊び心が肝心

男女とも、シンプルさのなかに遊び心をプラスしたデートの装いです。女性は束ね熨斗文様の江戸小紋に、花唐草柄の織名古屋帯を締めることでモダンな表情に。銀糸の入った帯締めがよそ行き感を演出します。男性は、普段でもフォーマルでも楽しめるお召に染帯で遊び心を加え、スエードのような羽織を合わせました。しゃれた雰囲気を演出します。

▶文様を楽しむ…P54

デートの場合、どこに行くのか、なにをするのかで、適した着物の格が異なってきます。2人で着物を着てデートを楽しむなら、事前に相談して着物の格をそろえると、違和感なくおしゃれに装えます。

たとえば、オペラのような少し格式が高くモダンな場所でのデートでは、女性は落ち着いた色調の訪問着に袋帯でドレッシーに装い、男性も、女性の訪問着に合わせて袴を付けて格をあげます。とはいえデートの際は、単にフォーマルなだけにならないよう羽織はおしゃれ度の高い小紋などにすると、こなれた感じが出せます。

もう少しカジュアルなデートでは、男女とも紬を選ぶと素敵です。

たとえば、ツルッとした手触りの紬は、おしゃれでありながら、全体としてはカジュアルな装いに仕上がります。

男性は袴を付けず、軽やかにするとよいでしょう。

せっかくのデートなので、帯留めと羽織ひもを同じモチーフにするなど、ちょっとした"おそろいコーデ"をすると、さりげなく楽しめておすすめです。

デートの装い

オペラデート

格式ある場所でのデートには、訪問着がおすすめです。金糸の入った着物は華やかさを表現します。着物・帯ともに暖色系で女性らしく。帯締めの紫色がアクセントになります。男性の着物は、光沢のあるものを選択。羽織はしけ引き*7を選び、袴のランダムな縞で、おしゃれ度をアップしています。

ディナーデート

女性の着物は浮織り*6の紬。光の反射で光沢を感じるため、ディナーデートにぴったりです。帯は着物の色を引き出すために、青系の柄ものを選択。男性も、光沢のある羽織と結城紬を選びました。デザインのある帯で遊び心を表現。シルバーチェーンの羽織ひもは、軽やかな印象を与えてくれます。

*6 浮織り…織り糸を部分的に浮かせて、文様を織り出す技法。
*7 しけ引き…細い線を描くための専用のハケを用いてフリーハンドで染めていく技法。

きちんとした場での着こなし

きちんとした場で、誰かのために着る着物は、TPOを守って着物をそろえましょう。男女ともにクールな印象の色柄を選ぶと上質になり、どんな場所にも対応できます。

色数を抑えてクールに

格は高めに上品に
女性は古典柄の付下げが品格もあり、おすすめです。着物、帯ともに色数を抑えた、すっきりした装いで上品にしました。初釜、披露宴などに最適です。男性はお召の着物で、格を高めに。淡い色合いが、上品さを感じさせます。

祖父母の喜寿のお祝いや習いごとの発表会など、きちんとした場所に出る場合は、TPOを守ってコーディネートします。

女性は付下げや色無地などがおすすめです。少しクールな印象になるように、シンプルで上品なものを選びましょう。着物も帯も色数を少なめにすると、都会的な装いになります。

男性におすすめなのはお召です。着物と羽織の両方をお召にすると上質感が増して、フォーマルな場でも着られます。

家族できちんとした場に出掛ける際は、男女でワントーンにそろえると、上品な印象になります。子どもが一緒の場合、子どもにはかわいいデザインで、色も鮮やかなものを選びましょう。子どもらしい、楽しい雰囲気が出せます。

男の子であれば、羽織袴が一般的です。やはり子どもらしく、元気な色遣いのものがおすすめです。

親子3人でお出掛け

母親
着物は金彩が入ったフォーマル向け。着物がすっきりとしている分、帯はボリューム感のあるものを選択。帯締めの赤色がアクセントとなり、上品で凛とした雰囲気になります。

子ども
両親をシックな装いでまとめた分、子どもは華やかにして、主役感を出しました。着物の柄は流水に桜や楓、梅なので、通年着られます。全身で華やかさを演出しています。

父親
ドレープ感のある風通お召*8と、渋く光沢のある角帯でフォーマル感を出した着こなしです。ワントーンでまとめたことでシンプルで落ち着きのある装いにしています。

＊8 風通お召…表裏それぞれで異なった色が出るように織ったお召。

芸術を楽しむときの着こなし

歌舞伎、オペラ、バレエ、美術館など、どんな芸術鑑賞にも着物姿はよく映えます。だからこそ、フォーマルがよいのか、カジュアルがよいのか、その場に合わせた着物選びは大事です。

芸術を意識して着こなす

アートのような帯を主役に

美術館に行くときは、モダンアートのような柄の帯を主役にすると気分が盛りあがります。女性の着物には主張し過ぎない黄八丈*9、男性は柔らかい風合いの紬などがしっくりきます。羽織は籠絞り染め*10で、羽織ひもは、チェーンタイプでモダンな印象を与えます。

---

*9 黄八丈…東京都の八丈島で織られる、草木染めの絹織物。
*10 籠絞り染め…籠に、白生地を埋めて、その上から染料を注ぎ込む技法。

178

芸術を楽しむと一口にいっても、フォーマルな装いが適したオペラがあれば、しゃれた着こなしがおすすめの美術館巡り、小粋(いき)な着物で楽しみたい落語鑑賞などもあり、行く先により雰囲気はさまざまです。TPOを意識して、それぞれに合わせて着物を選ぶのがコツになります。

たとえば、同じ歌舞伎を観る場合でも、普段はカジュアルな着物で問題ありませんが、襲名披露のような特別な場合はきちんとした着物(訪問着、付下(けさ)げなど)を着ていくと、TPOをわきまえたよい心遣いができているといえるでしょう。

アートに触れるお出掛けでは、着物や帯に趣味性の高いものを選ぶと、着こなしも楽しくなります。

今回の装いは、男女とも、モダンアートのような存在感のある帯にしました。このように帯を主役にしたい場合は、着物は少しシックにすると帯が引き立ちます。

着物でコンサートへ

日本舞踊や歌舞伎を着物で観に行くように、コンサートに着物で行ってみてはいかがでしょうか。着物の人は、おそらくほとんどいませんから、目立つことは必至です。アーティストにも覚えてもらえるかもしれません。帯や帯留めなどで遊び心を取り入れましょう。

街や建物の雰囲気に合わせる選択も

芸術鑑賞の際の着物選びに迷ったときは、その街や建物の雰囲気に合わせるのもよいでしょう。たとえば美術館に行くとき、厳かな雰囲気の街にあるのか、下町らしいカジュアルな雰囲気の街にあるのかで、施設や展示の雰囲気も変わるでしょう。また、訪れる建物自体に歴史がある場合は、ある程度かしこまった装いのほうが雰囲気に合うこともあります。こうした要素も、着物選びのヒントになります。

4章 着物をワードローブの選択肢のひとつにする

式典に参加するときの着こなし

式典は準礼装、略礼装などを着る場面です。洋装でいえば、きちんとしたドレスやスーツを着る感覚です。式典によってふさわしい着物は異なりますが、全体としてはきちんとした着こなしを心がけましょう。

子どもの式典での着こなし

シックで品格ある装い

女性は、色数を抑えたすっきりとした付下げに、淡いグレー系の軽めの袋帯を重ね、帯締めに濃い色を添えると、メリハリのある装いになります。男性も、悪目立ちしないシックな色の着物がおすすめです。遊び心ある角帯や、房なしの気軽な羽織ひもで軽快にまとめました。

式典といってもさまざまですが、たとえば子どもの入学式、卒業式に出席する場合は、主役は子どもになります。そんなときは、控えめにまとめつつ、でも、きらりと光る装いで存在感を出しましょう。昔は色無地がよいといわれていましたが、最近は派手過ぎない付下げもおすすめです。付下げは、いわば洋装でいうところのワンピーススーツ。品よく、フォーマルなシーンで着こなせます。色味は抑え、帯もワントーンにして、さりげなく。男性も、無地感の着物が悪目立ちしません。羽織は必須ですが、袴は付けなくてよいでしょう。

自分が主役になる式典としては、成人式があります。女性は華やかな振袖が第一候補となり、帯の地色をダーク系にすることでコーディネートが引き締まります。男性は、明るくさわやかな色紋付きで、若々しさを演出します。色紋付きは生地の質感に左右されるので、選ぶときは慎重に。

成人式の着こなし

若さ溢れる華やかな振袖

四季の草花が描かれた振袖は、季節を問わず着られます。松葉の巴柄の帯は金糸をふんだんに使った、とてもおめでたいものです。黒地の帯が全体を引き締めています。

ハレの日に着たい色紋付き

成人式を意識し、パープルグレー（藤色×鼠色）という明るく、若々しく、かつ華やかさを兼ね備えた色でまとめています。角帯も明るく、さわやかな色合いのものを選択しました。

シチュエーション

結婚式に参加するときの着こなし

結婚式に呼ばれたら、男女とも、
お祝いの気持ちを表すためにも華やかな装いで出掛けましょう。
縁起のよい文様が描かれた着物だと、さらに喜ばれます。

華やぎを添える

古典柄の訪問着×ドレッシーな羽織袴

古典柄でありながら現代的な洗練を感じさせる訪問着は、大人の女性ならではの品を感じさせます。地色は透明感のある黄色でしっとりと。袋帯（ふくろおび）には着物の葉の色からひろった淡い黄緑を選択。男性の羽織は細かい市松（いちまつ）に光沢感が重なり、スマートでいてドレッシーです。

▶文様を楽しむ…P54

結婚式に招待されたときは、フォーマルで華やかな装いで出席するのが相手への礼儀になります。女性は訪問着や色留袖、未婚であれば振袖など、礼装や準礼装に入る着物を選択し、金銀糸を織り込んだ袋帯を合わせるのが標準です。柄は松竹梅など縁起のよいものを選ぶと、おめでたい席に寿ぎを添えることができます。神前結婚式などには、古典調の柄も映えます。二重太鼓に結びます。

男性も礼装や準礼装が基本なので羽織袴で出席します。せっかくのお祝いの席なので、華やかさと、上品な薫りが漂う装いを目指しましょう。

着物を選ぶときに、特に気を付けたいのは、花嫁衣装と被らないようにすること。淡いクリーム色などはOKですが、真っ白な着物はNG。

柄が入っていても遠目で白に見えるときは避けたほうが無難です。

結婚式の装い

松竹梅柄でおめでたく

柄付きがたくさんあり、フォーマルで華やかな訪問着。柄は松竹梅で縁起がよく、藍色に差し色として入る珊瑚色があでやか。帯も金糸による菊の柄で華やかさがあります。

上下お召で軽やかに

着物と羽織はお召で装いました。袴を付ければ、友人の結婚式にも参列可能です。上半身は明るいグレーで若々しくまとめ、袴の濃いグレーで引き締めます。

SNSで目を引く着こなし

着物を楽しむ姿をSNSで発信するのも、現代では当たり前となった光景です。
せっかくなら"映える"写真が撮りたいという方に、
ちょっとしたコツを紹介しましょう。キーワードは「柄」です。

大胆な柄で勝負

大胆な藍染めで"映え"を目指す

男女ともに藍染めの"着物"です。女性の絵羽紬は波打つような藍色が躍動的で白生地に映えています。帯に描かれた直線にも藍色が使われています。さらに金箔を使って華やかさもプラス。男性は板締め絞り*11のモダンな紬に、しゃれた彩りの緻密な組ひも角帯。着流しで読書や散歩を楽しむときなど、リラックスタイムにもおすすめ。

184　＊11 板締め絞り…折り畳んだ生地を型板できつく挟み、模様を染め出す技法。

スマートフォンで映える写真を撮るためには、ある程度大胆で、目立つ柄の着物や帯を着るのがおすすめです。画面が小さいので、小さな柄や大人しい色合いだと、どうしてもぼんやりした印象になり、映えません。モダンで思い切った柄や、コントラストを意識した装いが、SNS映えを狙うにはよいでしょう。

左ページで紹介している藍染めの着物は、藍と白のコントラストが大胆で美しく、目を引きます。

男女とも紬なのでエレガントな場所は避けたほうがよいのですが、カジュアルなレセプションパーティーなどで着るのはよいでしょう。

もし着物を着て撮影をするのであれば、着付けのチェックを忘れずに。

特に、裾や衿が乱れていないかを確認しましょう。撮影前に裾を整え、衿の合わせをそろえるなどして、着崩れを直します。

柄が目を引く装い

絣柄で存在感を
落ち着いた茶系のバリエーションで織られた大胆な絣織の絵羽紬です。複雑な幾何学文様がモダン。びんがたの染帯の明るい紫や、黄色の絵柄を合わせています。

総柄で華やかに
草木柄を全身にまとい、力強い絣柄の織帯でメリハリを演出しています。

"着映え"がカギ
白と藍色のコントラストが効いたモダンな1枚。実際に着ると白色が目を引き、着映えします。帯は通常、無地を選ぶところを、あえて縞の帯で目立つ装いにしました。

春の着こなし

春は桜色や若草色など、明るく柔らかい色が似合います。ワントーンで決める場合、小物に濃い色を使うと大人っぽいコーデにもできます。袷（あわせ）の時期ですが、暑いときは単衣（ひとえ）を着てもよいでしょう。

色合いを春らしく

春色に染まる幸せ

コーデで選んだのは、1枚の型紙を繰り返す型染（かたぞ）めの手法で桜並木の情景を表現した、紬の訪問着。赤やピンクが織り込まれた吉（よし）野格子（のごうし）が浮きあがる帯を締め、帯締めで少し濃い色を入れることで上品な仕上がりになっています。

一般に春(2〜5月初旬)の着物は袷になります。ただ、ゴールデンウィークのころには気温も上昇しますので、場合によっては単衣を着ても問題ありません。

　明るく淡い色でコーディネートすると、春らしい清々しさや柔らかさが表現できます。女性の場合は全体に花が描かれ、春の喜びに溢れた着物を選ぶと素敵です。花柄だと少し子どもっぽいと感じたときは、帯締めに濃い色を入れると、コーディネートが引き締まります。男性は、さわやかな緑や青などの自然な色合いでまとめましょう。薄手でさらさらした素材の着物がおすすめです。

　春といえばお花見。女性は桜色を、男性は春の空の色をイメージした青を全身にまとって出掛けるのも春らしくて微笑ましいもの。

　夜はまだ少し冷えるので、ショールなどを用意すると安心です。

お花見での着こなし

お花見気分を盛りあげる

さわやかな青色が春を演出。コーデで選んだのは草木染めの紬着尺で、春らしい装いです。角帯を合わせて、カジュアルに仕上げています。羽織ひもには、4月(卯月)の「卯」をモチーフにしたものを選び、遊び心をプラスしました。

4章　着物をワードローブの選択肢のひとつにする

夏の着こなし

単衣(ひとえ)や薄物が夏の着物になります。
透け感のある麻などは、見た目も涼やかでおすすめ。色合いは強い日差しに
負けない元気なものを選ぶと、夏らしさを演出できます。

自然素材なら暑さも気にならない

透ける素材で涼しげに

着物も帯も麻を選ぶとシャリ感があり、涼しくて着心地も満点です。選んだのは、沖縄の自然を表現した緑地の八重山上布(やえやまじょうふ)*12と、越後上布(えちごじょうふ)*13に染めあげたびんがた八寸帯を合わせた、上質な大人の装い。夏のカジュアルが、ぐっとおしゃれになります。

*12 八重山上布…沖縄県八重山郡周辺でつくられている、カラムシの紡ぎ糸を使って織られる織物。
*13 越後上布…新潟県南魚沼市、小千谷市を中心につくられている、カラムシの紡ぎ糸を使って織られる織物。

夏(5月中旬～9月中旬)は裏地を付けない単衣や薄物を着る季節です。単衣には、薄手の紬やお召、木綿などがあります。

7～8月の暑い盛りは、絽や紗、麻という薄物や麻の出番。実際に麻は涼しいので、特におすすめです。

落ち着いた色合いの着物に、赤や青を使った元気が出る帯を締めると、夏らしい元気な印象を演出できます。

夏といえば、浴衣で祭りや花火大会へ出掛ける人も多いでしょう。そのような場では、定番の藍×白の組み合わせを選んでおけば、まず失敗はありません。

浴衣のなかには夏着物としても着られるものがあり、その場合は着付けの際に長襦袢を着て、足袋を履くようにしましょう。

お祭りでの着こなし

夏の定番、藍染めの浴衣

藍×白という夏の定番の着物を選択。長板中形*14の毘沙門亀甲*15の綿の浴衣は、藍の凛とした清々しさと白の美しさが際立ち、大人の男性にぴったりです。草木染めの角帯で落ち着いた雰囲気に。根付*16をさりげなく取り入れて、遊び心を出すのもよいでしょう。

4章 着物をワードローブの選択肢のひとつにする

*14 長板中形…江戸時代から伝わる伝統的な型染めの技法で、大紋(大形)と小紋(小形)の中間の大きさの模様型を使用するため「中形」と呼ばれる。

*15 毘沙門亀甲…亀甲を3つ組み合わせた文様。 *16 根付…帯に提げた巾着などを留める金具。

季節×イベント

秋の着こなし

季節が秋へと変わる時期は、暑過ぎず寒過ぎず、
着物を着るのに適した季節です。外出する機会も多いので、
秋らしい落ち着いた色味をベースに装いましょう。

秋の色柄を入れつつ、重過ぎない装いに

色合いで秋らしく
秋単衣(ひとえ)の季節に着たいのが、結城縮(ゆうきちぢみ)です。さらりとした着心地がクセになります。深緑の結城縮の着物に、茶系の小物を合わせると秋らしさが増します。あまり重くならないよう、遊び心のある更紗柄*17の角帯(かくおび)などで軽やかさを演出しました。

190　*17 更紗柄…さまざまな定義はあるが、インド発祥の更紗木綿に施される柄とされている。

9〜11月は秋の装いとなり、9月は単衣、10〜11月は袷を着ます。ただ、10月でもまだ暑さが残るときは、気温を考慮し、カジュアルなシーンであれば単衣を選んでも大丈夫です。

肌にまとわりつかない、さらりとした着心地の着物が、秋の入り口にぴったりです。落ち着いた茶系の着物を選択すると、秋らしさが出ます。羽織も茶系のものを選んだ場合は、全体が暗くなり過ぎないように、帯に白系の明るい色を入れてバランスを整えましょう。

10月を過ぎると紅葉のシーズンがやってきます。季節を取り入れるのも、着物ならではの楽しみです。

帯を主役にしたときは、着物は同系色ですっきりとまとめます。

なお、季節感を取り入れるときは、先取りをするのが基本です。盛りを過ぎる前に、早めに取り入れましょう。

秋のお出掛けの着こなし

季節柄は先取りで楽しむ

装いで季節を表現するのは、着物の醍醐味。秋は紅葉を染めあげた帯で、シーズンを先取りするのがおすすめです。この場合は帯が主役なので、着物はベージュを基調の小紋で大人っぽくしてみました。

冬の着こなし

こげ茶や濃紺など、濃い色味の着物に温もりを感じる季節です。
防寒着も工夫して、上手に装って出掛けるのも楽しいもの。
お正月やクリスマスには、パッと明るい着物で華を添えるのもよいでしょう。

色味を抑えた濃い色で冬らしさを演出

大人の正統派コーデ

クラシカルな雰囲気が出せるアンサンブルは、お正月など日本の伝統行事に映える装いです。淡い光沢ある大島紬(おおしまつむぎ)のアンサンブルに組ひもの角帯(かくおび)や、赤茶色の羽織ひもなどを合わせて風格を出しましょう。

冬(12~2月初旬)は裏地のある袷(あわせ)を着ます。全体的に色味をぐっと抑えて冬らしさを演出しましょう。

この季節の男性のおすすめはアンサンブルです。スーツでいう三つ揃(みぞろ)えのような正統派の着物です。お正月など和の気分が高まる季節は、このような装いも素敵です。紬(つむぎ)、お召(めし)、ウールのアンサンブルなど、好みで選んでみてください。

クリスマスパーティーに着物で出掛けるのも楽しいもの。ツリーやサンタ柄など、着物とクリスマスは意外に相性がよいので、思いっきり季節感を楽しんでください。帯留めや帯締めで遊んだり、あるいは緑と赤を組み合わせてみたりと、気軽に挑戦してみましょう。

寒さが厳しくなると、防寒グッズが欲しくなりますが、長袖(ながそで)のインナーは袖から見えてしまうので、六分袖ぐらいにするか、もしくはロング手袋を使うとよいでしょう。

クリスマスの着こなし

着物×クリスマスは好相性

クリスマスツリー柄の帯を主役にした、まさにクリスマスシーズン限定の装い。赤色を含んだきれいな飛び柄小紋(こもん)は品格があり、よそ行きのワンピース感覚で楽しめます。帯揚げにグリーンを取り入れてクリスマス気分を高めるのもよいでしょう。

4章｜着物をワードローブの選択肢のひとつにする

気持ちを盛りあげたいときの着こなし

ここぞというとき、着るものに自分の覚悟や気合、
思いのたけをのせてみると、さらに元気や勇気が湧いてきます。
着物にも、自分を後押ししてくれるようなパワーに溢れるものがあります。

女性の装い

**自信を引き出す
情熱の赤をまとって**

花織*18と絽織を組み合わせた「花倉織(はなくらおり)」の赤一色の着物に、菊と秋草のびんがた帯を合わせるなど、華やかさを強調した装い。艶やかな赤が、気分を盛りあげてくれます。袋帯(ふくろおび)を合わせればちょっとしたパーティーにも参加可能です。誰もが思わず振り向くこと必至です。

194　＊18 花織…たて糸かよこ糸を地から浮かせて、細やかな幾何学的な花模様を織り出す手法。

久しぶりのクラス会や発表会など、ちょっと気合を入れて参加したいとき、自分を鼓舞するような衣装をまとうと、周囲の注目を浴びて、少しずつ気分も高揚するはずです。

　着物を着ていけば、それだけで十分に場に華やぎを添えることができますが、さらに気持ちをあげるならば、元気が出るような色柄を選択するとよいでしょう。

　赤は体力、気力、生命力を表す色。気持ちに活力を与え、行動力や自信を湧き起こしてくれます。

　柄の一部で赤を取り入れるやり方もよいですが、全身を赤で包むと、より気分もあがります。ほかに、オレンジなども同じような効果を与えてくれます。

　また、シチュエーションを限定してしまいますが、正装も、ここぞというときの勝負服。男性であれば羽織袴に身を包めば、一世一代のハレの日にぴったりです。

男性の装い

袴で自分を鼓舞

上質感の溢れる羽二重（はぶたえ）でつくった羽織袴であれば、どんなハレの席にも着られる、ここぞというときの勝負服になります。袴の素材で有名なのは仙台平（せんだいひら）。独特の光沢と張りのある絹織物です。袴には、二股に分かれている「馬乗り袴（うまのりはかま）」と、スカートのようになかが分かれていない「行灯袴（あんどんはかま）」があり、スタンダードなのが馬乗り袴です。なお、行灯袴はもともと女性用でした。

4章｜着物をワードローブの選択肢のひとつにする

クールに見られたいときの着こなし

センスの光るクールな着こなしには、誰もが憧れるものです。
上質な素材と落ち着いたトーンのなかに一点見せどころがあると、
着物上級者として一目置かれるでしょう。

伝統の柄でスタイリッシュに決める

色柄でシャープに

女性はスーツ感覚の江戸小紋に青緑色地と、洗練された気品を感じさせる連珠双龍文[19]の洒落袋帯を合わせて、凛とした装いに仕上げました。男性は無地の大島紬に絞り染めの天目茶碗[20]のような表情を描いた小紋羽織を重ねて、スマートカジュアルな印象に。男女ともに、スマートな色柄でまとめると、クールな雰囲気を出せます。

---

[19] 連珠双龍文…ペルシャから中国に伝わり、織りの文様として親しまれてきた連珠文のなかに、2匹の向かい合わせの龍を表現したもの。

[20] 天目茶碗…抹茶茶碗の種類のひとつで、中国の浙江省にある天目山の寺院で使われていた茶碗から名付けられた。

晴れやかな場に招かれたときほど、着物の着こなしのセンスが問われます。派手過ぎず、地味過ぎず、空間にすんなりなじんでいるのに、どこか上質で大人の余裕が漂う姿。そんな姿は、まさにクールな佇まいといえます。さて、どんな着物を選ぶとよいでしょう。

たとえば左のページでは、女性は青緑色地の江戸小紋に気品のある連珠双龍文を、男性は無地の大島紬に小紋羽織を選んでいますが、共通しているのは寒色系を使っていることや色数を抑えることです。着物も洋服と同様にモノトーンでまとめたり、色合いで工夫したりするとクールに着こなせます。

どちらも上級者がまとうような着物ですが、クールに決めたいときは、気後れせず、こんな色柄を試してみてください。

クールに見られたいときのアイテム

さらに、クールなアイテムとしてこだわりたいのが草履です。見た目のデザイン、上質な素材感、履いたときのフィット感ある草履は、高揚感が増し、さらにコーディネートを際立たせます。クールに装いたいときこそ、足元まで気を遣うことは大事です。

リラックスしたいときの着こなし

着物は必ず肩肘張って着るものばかりではありません。
ルームウェアとして着る際は、着崩れしない程度にゆるく着るのもよいでしょう。
おすすめは肌に優しい木綿の着物です。

目に優しい藍色の木綿がリラックス効果をアップ

藍染めの本綿着物の装い

肌へのフィット感が心地よい木綿です。男女ともにおすすめしたいのは、驚くほど優しい肌触りの綿薩摩（めんさつま）。深い藍色（あいいろ）は日本人の肌を際立たせます。帯は丹波布（たんばぬの）でまとめました。

現代の暮らしのなかで、リラックスしたいときにこそ肩の力を抜き、ルームウェア感覚で着物を着るのは、実は理に適っています。素材としておすすめしたいのは浴衣（ゆかた）や木綿です。上質な木綿は肌に優しく、着ている人に寄り添ってくれるのがよいところです。色は藍がおすすめです。目にも優しく、鎮静効果もあるためリラックスウェアにぴったりです。

リラックスして着たいときは、女性は半幅帯（はばおび）や兵児帯（へこおび）を、男性は兵児帯を選びましょう。特に兵児帯は柔らかくて締めやすく、日常着に重宝します。男性も女性も気軽に巻いてみてください。

伝統の藍でリラックス

藍染めを主役に
着物の藍色に合わせて、帯は藍色が含まれているものを選択しています。さらに帯の色からえんじ色をひろった帯締めで、全体的に軽やかな雰囲気でまとめました。

菊花でかわいく
着物は藍染めの久留米絣（くるめがすり）です。柄は大輪菊花の絵絣（えがすり）で、伝統的な技法によってつくられています。帯は半幅帯。浮（うき）織りになっているので、織りの表情が見えます。

目に優しい色合い
角つなぎという幾何学的な柄の着物の、青と白のコントラストが目を引きます。天然藍染めの藍の香りにリラックスできます。素材は木綿。帯は兵児帯でカジュアルにしました。

4章｜着物をワードローブの選択肢のひとつにする

COLUMN

普段の着物との付き合い方

　私は仕事場では基本的に着物を着ていますが、自宅でも浴衣(ゆかた)をよく着ます。家のなかで着るリラックスウェアとして部屋着感覚で愛用しており、洋服と同じようにハンガーにかけて、クローゼットのなかに収納しています。洋服も浴衣も、大事なワードローブ、というわけです。

　リラックスして着るものなので、帯はあまりしっかり締めず、伊達締めだけで気楽な雰囲気で着ています。ただ、寝間着にはしません。着崩れちゃいますから。

　夏場、エアコンの効いている部屋で着る浴衣は、実はとっても快適なんです。体全体を覆うため、冷房の風から守ってくれますし、汗はしっかりと吸収するので、ガウンとしても最適です。お祭りの日にだけ浴衣を着るのではもったいない。普段から気軽に着ると体にもなじんでくるので、ぜひお試しください。

　また、最近は、和服・洋服どちらにも合わせやすいデザインの草履を買いました。草履は、実はパリコレでもデザイナーが好んで選ぶアイテムで、和と洋を合わせたスタイリングの評判が高いです。和と洋で合わせる流れがあるのは嬉しいことです。しっかりとつくられた草履は履き心地がよく、機能的にも優れていて、サンダル感覚で履けるので気に入っています。

5章

あたらしい着物

着物が日常着だった過去と比べて、
現代は生活様式が変わり、日本人と着物の関係は変化しました。
これからも多くの人に着物を着てもらい、着物文化を絶やさないため、
着物の今に触れつつ、未来のためにできることを考えてみましょう。

変化を続ける着物との関係

戦前までは日常着

　明治に入り、欧化政策のひとつとして、上流階級では洋服を着るようになりました。

　とはいえ、その動きは限定的で、庶民はもとより上流富裕層も含め、昭和の初めごろまでは、約99％の女性の日常着は着物でした。男性の場合も、仕事や街なかでは洋服を着ても、家に帰れば着物でくつろぐというのが主流でした。

　しかし戦後になると、急激に洋服が市民権を得ます。特に高度経済成長期を迎えると、働く人々にとって動きやすい洋服は必需品となり、日常着としての着物は少しずつ姿を消しました。

　これにより、自分では着物を着られない人が増え、着付け教室が誕生したとされます。一方、「正装には留袖（とめそで）」など、さまざまなルールが誕生したのも、このころだといわれています。

かつては日常着としても親しまれていた着物。
明治維新以降、日本人の生活様式に洋服が普及してきてからは、
そのあり方は徐々に変化していきました。

SNSが若者の着物回帰を後押し

5章　あたらしい着物

　同時に、着物に「正装のときに着る」イメージが定着し始め、入学式や卒業式、結婚式などの行事で着る、品位のある特別な衣装という地位を確立していきます。一方、着物を趣味や習いごとで着る人も根強くいて、一定の着物人口は保たれてきました。しかし日常で着る人は少なく、裾野が広がりにくい状況が続きました。
　ところが近年、状況は変わっています。

　SNSの普及によって世界と気軽につながるようになると、若い世代が"和の魅力"を再発見し、着物に興味を示すようになったのです。
　着物を着ていると注目されますし、SNSでも目を引くため、着てみたいという人が増えました。
　このように、若い世代を中心に着物回帰の流れが確実に始まっています。

203

シン着物

カジュアルな素材やリメイクを楽しむ

ニーズに合わせたあたらしい着物

　和を見直すという流れのなかで、着物に興味を持つ人は増えていますが、"正絹、手織り、手染め"といった本格派の着物は高価なことも多く、初心者にとってはハードルが高いかもしれません。

　一方で、デニム素材やジャージ素材などでできたカジュアル着物も生まれています。カジュアル着物のメリットは安価なところ。しかも着るのが簡単で、洗濯もできて、お手入れも楽など、初心者が着るにはうってつけです。また、着付けが大変だという場合は、二部式着物[*1]や作り帯[*2]を利用するのもよいでしょう。

　大事なのは「着物を着たい」という思いです。自分が手の取りやすいところから着物に触れてみましょう。カジュアル着物で友達とカフェに行ったり、街歩きを楽しんだりして、着物を着る楽しさを知ってから本格派な着物に挑戦するのも、かしこい選択肢のひとつです。

[*1] 二部式着物…上半身と下半身にパーツが分かれた着物で、セパレート着物とも呼ばれる。
[*2] 作り帯…あらかじめ帯結び部分がつくられている帯。

気軽に挑戦できる「カジュアル着物」を楽しむ人がいる一方で、古いものをあたらしくする「リメイク」ができるのも着物の特徴です。どちらも着物に触れるきっかけとして、気軽に楽しんでみましょう。

リメイクで古い着物をあたらしく

祖父母や両親から着物を受け継いだものの、なかなか着る機会に恵まれないという話はよく聞きます。生地が上質で丈夫な上、柄も素敵で、なにより家族の思い出の品ならば、違うものに生まれ変わらせてでも使いたい、と思うこともあるでしょう。

着物は三世代百年着られるといわれていますから、状態がよければ、仮に百年前のものでも着ることをおすすめします。しかし、どうしても着るのが難しい場合は、リメイクするとよいでしょう。たとえばワンピースやスーツなど、洋服にリメイクすることができます。また、バッグや名刺入れなどの小物にリメイクすることで、普段から気軽に着物の雰囲気を楽しめるでしょう。一方、着物の風合いを十分に活かしたいときは帯や羽織、草履の鼻緒など、着物関連のアイテムへのリメイクをおすすめします。裄が合うなら、男性の着物を女性の羽織にするのも素敵です。

シン着物

サステナブルな着物

着物は形がシンプルな上、仕立て直しを意識した工夫が随所に施されています。
三世代百年着られるともいわれるのは、そのためです。
まさにSDGsの先駆者ともいえる、あたらしい時代にぴったりの衣装です。

受け継がれる着物

**節目行事で着る着物は
受け継がれやすい**

成人式や結婚式など、節目の行事には多くの人が着物を着るため、留袖や振袖、紋付きが代々受け継がれている家は多いようです。ただ、礼装の着物はあまり頻繁に着ないため、数年ぶりに出したらシミが付いていた、という話も聞きます。きちんと手入れをして、きれいな状態で次の世代に渡したいものです。

着物は三世代百年着られるといわれますが、その理由は、いくつかあります。まず、基本的に同じ形なので、流行は多少あるものの、オーソドックスな色や柄であれば、時代や年齢に関係なく着ることができます。さらに、着物は直線裁ちなので洗い張り[*3]ができるのも大きなポイントです。

洗い張り後の反物(たんもの)は、着る人に合わせて寸法を直し、あたらしい着物に仕立てることができます。

そのため、1枚の着物を次の世代に受け継ぐことができるのです。

洗い張りは呉服店のほか、数は少ないですが、悉皆屋(しっかいや)[*4]という専門の業者に頼むこともできます。

三世代に受け継ぐための工夫はほかにもあります。たとえば最初に着物を誂える(あつら)ときに、胴の部分に適量の布を縫い込む「内揚げ」をしておくと、後からその部分の布を引き出して身丈を長くしたり、痛みやすい裾をあげ直したりすることもできるのです。このように、子どもの成長や汚れに応じて仕立て直して長く着ることを想定してあるのも、着物の特徴です。まさにSDGsの先駆者的な衣装といえるかもしれません。

長持ちさせるためには保管が大事

着物を長持ちさせるためには、管理に気を配ることが大事です。着物は脱いだら半日〜1日ほどハンガーに吊るして陰干しをしますが、そのままずっと吊るしておくと裏地と表地がたゆんでずれてしまうので注意が必要です。シーズンが終わり、当分着ない着物はクリーニングに出すとよいでしょう。そして保管するときは、私は布製の衣装包みで着物を包み、たんすに入れています。紙製品は湿気を呼びやすいので、換気を行います。年に一度はたんすを開けて、空気を入れ替えましょう。

▶自分でできるお手入れ…P158

年に一度は空気を入れ替える

5章 あたらしい着物

[*3] 洗い張り…着物をすべてほどいて反物に戻したあと、水洗いをする。その後、糊付(のり)けして乾燥させ、湯のしでシワを伸ばすこと。

[*4] 悉皆屋…反物の染色や染め直し、洗い張りなどに関する一切のことを取り仕切る業者・職人。

207

シン着物

経年美化する着物

着物は「経年美化」を楽しむ

祖父母世代 → 親世代 → 孫世代

風合いの変化：柔らかで滑らかな手触りになる

色の変化：時間が経つに連れて、深みのある色になる

　着物はお手入れや管理をきちんと行うことで、長く着続けることができるといわれていますが、単純に長持ちするだけが特徴ではありません。その着物の持つ美しさは、進化していくのです。
　というのも、着物の特徴のひとつに、着続けることによって風合いが増すというものがあります。
　特に、紬や木綿などの「自分のために着る着物」に顕著に現れる特徴で、私はこれを「経年美化」と呼んでいます。
　経年美化は、糸や色合いの変化で起こります。たとえば結城紬は、本来はほっこり、ふっくらとした柔らかな触り心地が特

織りの着物は着込めば着込むほど風合いが変わります。
糸の様子が変わり、色合いに味が出て、育っていくのです。
そこには、まるで進化する美しさを見つけるかのような楽しさがあります。

あたらしい風合いに出会える

肌触りがよく、色に深みが増した70年前の大島紬

徴ですが、時間をかけて着込むことで、毛羽が取れてツルツルとした、滑らかな触り心地になります。

時間をかけて着込み育てた結城紬には、別物のような美しさと着心地のよさがあるのです。一方、大島紬は「色が枯れてきていい雰囲気だね」という誉め言葉があるほ

ど、色味に深みが増します。これは、泥染めが酸化することで起こる美化です。これらの美化には、人工的につくろうとしても、つくれない美しさが宿ります。

日常的に着物をまとい、着物ライフを楽しんで、素材がつくり出す美しさに、ぜひ出会ってみてください。

次世代へ 着物の現在、そして未来のために

職人の力で盛りあがる伝統の世界

職人と文化を伝える

近年、伝統工芸の世界で活躍しながら、あらたな挑戦をいとわない若い職人が増えています。着物を楽しむということは彼らとともに伝統を守り、着物の魅力を再発見し、文化を未来に伝えることにつながっています。

着物は過去から受け継がれてきた、かけがえのない民族衣装です。
その伝統の素晴らしさを広めると同時に、
あたらしい可能性を追求することで、着物の魅力を再発見できます。

日本における洋装文化は、戦後、瞬く間に広がりました。特に女性の熱意や活躍により、時代を追うごとに洋装文化は成熟しています。一方、着物需要は昭和40年代後半ごろから下降し、日常着としての着物はなじみが薄くなりました。しかし、正装で着る人は減っていませんし、私の感覚では趣味で着る人はむしろ増えたと感じます。

さらに、SNSの普及により、若い世代が着物に興味を示し、その魅力を世界に向けて発信しています。それだけでなく、着物は海外でも評価されているのです。より多くの人に着物を知ってもらい、未来につなげていくための挑戦ができる好機がきているといえるでしょう。

銀座もとじでは、着物づくりに携わる職人の技に触れ、その価値を知ってもらうために、あるいは若者にもっと着物に興味を持ってもらうために、さまざまな活動を行っています。

活動を通して着物の魅力をさまざまな人に知ってもらうことで、着物文化を未来につなげているのです。

5章 ― あたらしい着物

P212からは私たちが取り組んでいるさまざまな活動を紹介しています。
- 職人とお客さまをつなぐ試み ▶P212〜213
- 着物業界を憧れの職業にするために ▶P214〜217

若者が伝統技術にほれ込んで「継いでいきたい」と思ってくれたり、着物に関わる仕事を若い人の憧れにしてもらえたりするように、着物の魅力を伝えることが呉服店の役目だと考え、活動しています。

職人とお客さまをつなぐ試み

体験を通すから愛着が持てる

**職人の現状を知る
きっかけに**

つくり手の現場に行くと、養蚕農家や染織の職人がかなり減少していることに気付きます。それをSNSで拡散して問題を共有し、みんなで考える機会としてほしい。体験型プロジェクトでは、このような動きが生まれることも期待しています。

三世代百年にわたって着物を着るためには、**愛着を持つ**ことが**大事**です。
銀座もとじでは着物に愛着を持ってもらうための活動を行っています。
それが**技術の継承**や、みなさんの**着物**ライフの**充実**につながると考えています。

着物をつくる上で、上質な糸は欠かせません。昔から「オスのカイコは産卵せず栄養分を糸に吐き出せるため、よい糸が取れる」といわれてきました。しかしオスだけ生み分けるのは難しく、実用化は困難とされてきました。それを2007年春、世界で初めて大沼昭夫博士（大日本蚕糸会 蚕糸科学技術研究所）が成功させ、誕生したのが"プラチナボーイ"という国産蚕種です。既存の蚕品種に比べて糸が細く、長く、強く、光沢があるプラチナボーイを使うことで、美しい反物が次々に生まれています。

この工程を、ひとりでも多くのお客さまに知ってもらうために「プラチナボーイ物語」という体験型プロジェクトを行っています。1年を通して、各産地で養蚕体験、製糸体験、製織体験を行い、白生地を指定の色で染めあげ、お仕立てして参加者にお渡ししています。まさに、かけがえのないオートクチュールであり、きっと愛着を持てるはずです。愛着のある衣装に身を包むことで心は弾みますし、三世代百年、着続けられる着物になるでしょう。

▶着物ができるまで…P38

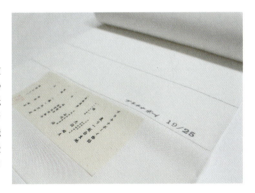

反物の証紙に名前を記す

プラチナボーイの反物には蚕種の改良、養蚕、製糸、染色、織りまで、関わったすべての人の名前を記載した証紙を貼っています。つくり手にスポットライトをあてることで、職人たちの意識向上につながったり、若者に伝統を受け継ぎたいと思ってもらえたりする、きっかけになればと考えています。

大島紬を銀座から全国へ

伝統産業が抱える、職人の高齢化や後継者不足といった課題を乗り越え、技術を後世につなげるための活動の一環として、銀座もとじは大島紬の魅力を発信しています。店内に機織り機を置き、奄美大島で染めた糸を使って機織りの実演を行うことも。職人とお客さまが互いに顔を合わせることで着物に愛着がわき、その魅力を再発見できるでしょう。

着物業界を憧れの職業にするために

着物文化を広める

啓(ひらき)プロジェクト

「伝統は革新の連続である」という考えのもと、あらたな発想で物づくりを開拓していくプロジェクトです。伝統をあらたな視点から見つめ直し、未知の化学反応を起こすことで染織(せんしょく)の可能性を探っています。

「FUYU」展の際に染色した糸

大蔵山スタジオでの展示風景

「泥中の布」東京での展示風景

あたらしい挑戦をすると、着物に関心が薄い人も、若い人も興味を持ってくれます。特にどんな衣服にも通じる染織は見せ方やコンセプトによって注目され、間口が広がるのです。そこを掘りさげていけば、着物はもっと変わっていけるでしょう。

銀座もとじは「着物を伝える職人」として、さまざまな活動に取り組んでいます。
ここでは、未来に向けた活動を紹介します。

啓プロジェクト概要

第1回
「FUYU」(2022年)
草木染色家・山崎広樹氏を宮城県の大蔵山スタジオ(採石場)に招き、あたらしい染色に挑戦。

大蔵山から産出した大蔵寂土(おおくらさびつち)[*5]を、草木染色家の山崎氏が自ら採取し、その土や、大蔵山に自生する草木で布を染色し、展示会を行いました。大地の力と自然の生命力が感じられる布たちが圧巻でした。既成概念にとらわれない、染色を追求した、あたらしい作品となりました。

第2回
「泥中の布」(2023年)
大島紬(おおしまつむぎ)の伝統的な染色方法「泥染め」のあらたな展開を探求。

通常、奄美大島に自生するテーチ木に泥をかけて行う大島紬の泥染めを柳、蘇芳(すおう)、藍、福木を用いて染めあげ、あらたな染織作品として発表しました。東京と奄美大島で展示することで、あらたな気付きが生まれつくり手たちが柔軟に考えるきっかけにしてもらえたらと考えました。

5章 あたらしい着物

*5 大蔵寂土…宮城県南部の丸森町にある大蔵山から採れる伊達冠石(だてかんむりいし)が風化して、赤い土になったもの。

215

伝統文化をつなぐ

啓(ひらき)のもと
10〜30代のこれからを担う世代へ向けて、伝統をともに考え、つないでいくプロジェクトです。職人やアーティストを招き、着物を通して、伝統文化の歴史や技術、取り組みに触れてもらう機会を提供しています。

伝統文化を自分ごとに
伝統技法に触れてもらい、「この技術を守っていきたい」「素晴らしい技術から生まれる着物を着てみたい」と思ってもらうことが狙いです。

過去 → 現在 → 未来

過去、現在、未来で考える
過去からつながる技術を現在の職人が紹介。さらに、未来にどうつないでいくかをみなさんに問いかけ、伝統について一緒に考えています。

着物に触れる

銀座の柳染

銀座のシンボルである街路樹の「柳」が、通行人の邪魔になるとして初夏にかけて伐採されることを知り、なんとか柳の命を活かせないかと考え、草木染めにしようと思い立ったのが1993年のこと。以来毎年、剪定された柳の枝葉を全国の作家や産地へ送り、作品として銀座に里帰りしてもらうという取り組みを30年以上続けています。

銀座唯一の小学校での課外活動

郷土愛を育み、草木染めを通して命の大切さや物づくりの楽しさを子どもたちに伝える活動「銀座の柳染 課外授業」を1998年から開始しています。小学校の正門や校庭にある柳を子どもたちが自ら剪定し、その柳を煮出して抽出した染料でハンカチや反物を染めてもらいます。今では、学校の伝統授業として、途切れることなく継続しています。

> 小さいときから着物に触れてもらうことは大事なので、銀座もとじに子どもたちが通ってくれる店にしたいと思っています。今でも卒業生が気軽に遊びにきてくれますし、将来着物の仕事をしたいといってくれる子もいます。そんなふうに憧れを持ってもらうために、着物と気兼ねなく触れ合える場をつくり、着物文化を広めていけたらと思います。

5章 | あたらしい着物

用語集

着物初心者に向けた、着物にまつわる用語を集めました。
知っておくと、着物をより楽しく日常に取り入れられると思います。

後染め　あとぞめ
織りあがった白生地を、後から染加工し、柄付けすること。「染め」ともいう。

洗い張り　あらいはり
着物をほどき裁断箇所を縫い合わせて、反物の形にしてから洗うこと。伝統的な洗濯手法。

袷　あわせ
胴裏と八掛、または通し裏と呼ばれる裏地を付けた仕立て方。着物・羽織に用いられる。10〜5月に着用する。

アンサンブル　あんさんぶる
同じ生地で仕立てられた、そろいの着物と羽織のこと。「お対」ともいう。

一重太鼓　いちじゅうだいこ
お太鼓が一重(1枚)になる結び方。名古屋帯で結ぶ。

薄物　うすもの
絽や紗など、薄くて透け感のある生地の着物のこと。7〜8月に着用する。

内揚げ[*1]　うちあげ
着物を誂える際に、仕立て直すときのことを考えて、あらかじめ布を身頃に縫い込んでおくこと。

上前　うわまえ
着物や長襦袢における、着る人にとっての左手側。着物・長襦袢ともに、着付けた際に上にくる。

絵羽模様　えばもよう
1枚絵のように、模様が縫い目を越えて描かれているもの。

衣紋　えもん
元々は着物を着付けることを指していたが、現在は着物や長襦袢の後ろ衿で抜く部分を指す。着付けの際、女性は引きさげ、男性は首に付ける。

衽[*2]　おくみ
前裾を深く重ね合わせるために、身頃の胸下から縫い足す布。

おはしょり
着物や浴衣を着付ける際に、裾の長さを調整するために腰付近でたくしあげて折り畳む部分。男性は対丈なのでいらない。

こはぜ
足袋の履き口についた留め具。

先染め　さきぞめ
糸を染めてから生地(反物)に織ること。「織り」ともいう。

下前　したまえ
着物や長襦袢における、着る人にとっての右手側。着物・長襦袢ともに、着付けた際に下にくる。

裾さばき　すそさばき
裾の扱い方。男性は着付けの際に股割りをしておくと、裾さばきがよくなる。

背縫い[*3]　せぬい
左右の後身頃(うしろみごろ)を縫い合わせた縫い目を指す。

太鼓／お太鼓　たいこ／おだいこ
帯の代表的な結び方。太鼓のように背面に帯地が丸く張り出す様子からこの名が付いた。

たて糸　たていと
経糸。織り物を織る際に、縦方向にくる糸。

足袋　たび
和装用の靴下に相当する。鼻緒(はなお)を挟むために指先部分が2つに分かれている。

タレ
帯結びで、背面で結び垂れる部分。この部分の形づくり方で「太鼓」「文庫」などの名前が付く。

反物　たんもの
和装用の生地のこと。特に、絹織物を指す。

対丈　ついたけ
着物の長さが着丈(着付けたときの着物の長さ)とが同じであること。男性は着物を対丈で着る。

つまさき[*4]
褄先(つまさき)。着物の前裾の左右端の部分。

219

テ／テ先 て／てさき
帯の胴に巻き付けて、結び目をつくる側を指す。その先端を「テ先」という。

共衿 ともえり
着物の衿を傷みや汚れから守るために、あらかじめ衿に被せておく布。

袴 はかま
着物の上から着用する、腰から脚を覆う、ゆったりとした衣服。通常、二股に分かれる。

半衿 はんえり
着物の衿の汚れを防ぐために、長襦袢の衿に縫い付ける布。

長襦袢 ながじゅばん
和装用の下着。着物と肌着の間に着る。

二重太鼓 にじゅうだいこ
お太鼓が二重(2枚)になった結び方で、通常、袋帯で結ぶ。

単衣 ひとえ
着物、羽織で裏地を付けない仕立て方。主に、6月と9月に着用する。

補正 ほせい
布をあてて、体の凹凸をなくすこと。美しい着姿をつくるために行う。

身丈 みたけ
着物の丈のこと。

羽織 はおり
着物の上に着る上着。洋服のジャケットと同じ用途。

紋／紋付き もん／もんつき
主に家紋。礼装の着物や羽織に入れる。紋が入ったものを紋付きという。

裄 ゆき
背中心から肩を通って、手首までの長さ。

よこ糸 よこいと
緯糸。織り物を織る際に、横方向にくる糸。

脇縫い線*5 わきぬいせん
前身頃と後身頃をつなぐ、脇の縫い目の線。

礼装 れいそう
式典などで着る正式な服装。格が高い順に、礼装、準礼装、略礼装と続く。

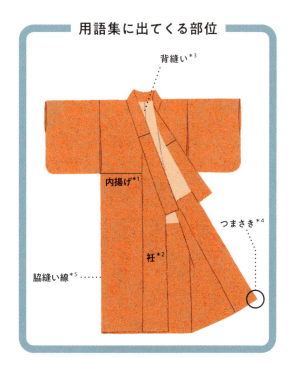

用語集に出てくる部位

背縫い*3
内揚げ*1
つまさき*4
衽*2
脇縫い線*5

銀座もとじのご紹介

現在、銀座の三原通り沿いに、女性と男性向けの専門店を構えております。
着物の販売のほか、つくり手を招いてのトークイベントや講座も
定期的に行っておりますので、お気軽にお越しください。

女性のきもの専門店「和織・和染」

和織では紬やお召、自然布などの織り物を中心に、和染では、格調高い古典美からモダンな染め物を中心に、現代の生活様式と街並みに合う装いをご提案します。

住所　東京都中央区銀座4-8-12

男性のきもの専門店「男のきもの」

2002年、日本初の男性の着物専門店としてオープン。素材にこだわり、上質さを追求した粋な装いを提案します。

住所　東京都中央区銀座3-8-15

次世代を担う作家を応援しています

ぎゃらりー泉
日本の染織文化で活躍が期待される、次世代を担う作家、つくり手に光をあて、作品発表の場を提供したいという思いからつくられました。個展や催事を、不定期で開催しています。

主な参考文献

『きものの着付けと帯結び』 赤平清泉 監修 （世界文化社）

『続 きものに強くなる 素敵なコーディネートと着こなし』 家庭画報特選 （世界文化社）

『日本の色辞典』 吉岡幸雄 著 （紫紅社）

『すぐわかるきものの美 髪飾りからはきものまで』 道明三保子 監修 （東京美術）

『すぐわかる産地別染め・織りの見わけ方』 丸山伸彦、道明三保子 監修 （東京美術）

『小袖からきものへ 日本の美術（第435号）』 長崎巌 著 （至文堂）

『きもの文様図鑑』 木村孝 監修 （ハースト婦人画報社）

泉二啓太 もとじけいた

1984年生まれ。高校卒業後、ロンドンの大学でファッションを学ぶ。卒業後パリへ渡り、2008年に帰国。2022年9月、銀座もとじの代表取締役社長に就任。店舗での接客をはじめ、日本全国の産地・作家を自ら訪れオリジナル商品の開発や、お客さま体験型の着物づくりの企画運営、次世代に向けて日本の手仕事や着物の魅力を伝えるワークショップを開催するなど、着物文化を国内外に広める活動を精力的に行っている。

銀座もとじHP https://www.motoji.co.jp/

人生を豊かにする
あたらしい着物

著者
泉二啓太

発行者
片桐圭子

発行所
朝日新聞出版
〒104-8011 東京都中央区築地5-3-2
お問い合わせ infojitsuyo@asahi.com

印刷所
中央精版印刷株式会社

©2024 Keita Motoji
Published in Japan by Asahi Shimbun Publications Inc.
ISBN 978-4-02-333415-1

定価はカバーに表示してあります。
落丁・乱丁の場合は弊社業務部(電話03-5540-7800)へご連絡ください。
送料弊社負担にてお取り替えいたします。

本書および本書の付属物を無断で複写、複製(コピー)、引用することは著作権法上での例外を除き禁じられています。また代行業者等の第三者に依頼してスキャンやデジタル化することは、たとえ個人や家庭内の利用であっても一切認められておりません。

デザイン
廣田萌(文京図案室)

イラスト
小林マキ

撮影
井手勇貴

絵羽撮影
鈴木徹

スタイリング
江森正枝

ヘアメイク
益江みき

執筆協力
合津玲子

校正
関根志野、木串かつ子

写真協力
銀座もとじ、iStockphoto

編集
山角優子・渡邉宥介(ヴュー企画)

企画・編集
森香織・端香里
(朝日新聞出版 生活・文化編集部)